◀創業維艱，1960年北醫第一屆新生入學，見當時的校門一景，得以知建校初期的艱辛。

▲當時的北醫四周還錯落著稻田，校園中的操場有時還會看到「街坊鄰居」到這裡「放牛吃草」。

▲1991年的校園。當教育部的公益董事進入北醫之際，北醫正值動盪，如何重建北醫，是他們的第一個挑戰。

◀在東區因著信義計畫區而快速發展之際，北醫雖坐擁東區的精華地段，但學校設備卻明顯老舊。

▲北醫人口中的「鐵棚」，是北醫往昔傳道授業之處，涵藏北醫人一段共同的成長印記。

▲1980年代北醫的學生運動，從希望護衛校園的完整性開始，一直到期許落實教學品質，北醫人愛校與護校的熱情，也直接促使教育部正視學生的受教權益。

▲1992年，教育部二度解散北醫董事會，在教育部委託之下，吳成文邀請醫界菁英進入北醫，這一群董事集結臺灣醫界的俊彥先進，他們齊心為北醫開創了新局。

▲ 1993年，教研大樓落成，本大樓抒解了北醫侷促的空間，提升校園的教學品質，讓北醫的學生有一個良善的就學環境。

▲萬芳醫院在北醫的經營下，已成為臺北市社區醫院品質的標的，而更一路成為醫學中心。這一條逆勢成長的路途，展現了北醫的軟實力。

▲第12屆及▼第13屆董事會，當時除了醫界的耆老之外，北醫的校友已陸續進入董事會，這是吳成文與醫界長者的期待：讓北醫的校友參與校務的發展。

▲2005年，北醫醫學綜合大樓正式啟用，北醫的校園自教研大樓的興建，到醫學綜合大樓以及日後的第三醫療大樓，一座東區精緻醫學大樓的景觀已巍峨矗立。

▲與世界數一數二的101大樓比鄰相接，北醫的校園汰舊換新，見證了北醫一頁成長的歷史。

▲▼2004年北醫第三醫療大樓舉辦動土典禮，這一座「在地生根」北醫的家，讓北醫在東區立定都會區精緻醫學大學的發展，北醫蛻蛹成蝶，已能展翅高飛。

▲▼競標雙和醫院是北醫的一場硬戰，但是北醫以實力拼得。以BOT案興建完工的雙和醫院，提供中永和地區民眾最佳的醫療照護。雙和醫院落成之後，北醫一校三院「鼎足」發展，為北醫的未來，擘劃了一條康莊大道。

北醫故事

一個私立大學的蛻變新生

國家衛生研究院創院院長
中央研究院生醫所首任所長
吳成文
劉傳文
◎著

推薦序一

重然諾，有守有為的學者

吳成文院士是一位重承諾、重堅持的學者，回國二十餘年來在不同的領域裡，他的表現都令人讚賞與刮目相看，我很幸運有這樣一位老同學。

我初到教育部工作時，因為私校法的不完備，一直為私立學校的管理而困擾，尤其是臺北醫學院的問題。臺北醫學院是一所具有傳統、有潛力的學校，但董事會常因利益的對立，使學校一直無法推展。因此，我想到邀請成文兄以醫學界的聲望加入董事會，希望能改變其風格。

二〇〇〇年六月成文兄被董事會推薦擔任董事長，同年九月他為臺北醫學院爭取到升格為臺北醫學大學，後又為臺北醫學大學建立校長遴選制度。成文兄為去除舊勢力長期以來對行政體系的控制，常常挺身而出堅守立場，因而在校內引起更大的爭執；由於成文兄的堅持，雖然完成了任務，但在政治上卻已傷害到自己，尤其是當時他在國家衛生研究院院長任內，反對的力量以國衛院為標的，希望他知難而退，但是成文兄不為所動，在保護國衛院之際，同時為北醫立下制度的根基。現在，成文兄毅然回到學術界，並孜孜不倦在研究上投注心力，至今在國際間仍享有極其崇高之地位。對這樣一位老同學，我在這裡要表示最高的敬意，成文兄，謝謝你。

——毛高文

（蔣經國國際學術交流基金會董事長、前教育部長）

推薦序二

北醫半世紀煙塵與風華

五十年前，獨具慧眼的捐資學者，在臺北市郊東區設立了北醫。對照當時的稻禾央央、稻穗垂塘，今日車水馬龍、商旅繁茂的背後，其實是一段私校建置、成長、轉型、茁壯的成功典範。

三年前的孟夏，還在考選部部長任內的我，獲邀參加了五十周年校慶。猶記得那是個值得令人興奮的日子，校園洋溢著辦喜事的歡樂，不論是貴賓和北醫人莫不為北醫今日在醫學教育的貢獻感到歡欣和驕傲。但沒有前人種樹，哪來今日的成就呢？「北醫現在蒸蒸日上，但是別忘了那段辛苦的日子！」當天我不禁有感而發。在掌聲響起的背後，不免有一段艱辛的歷程。今天的北醫是先驅者篳路藍縷以及後起之士胼手胝足，共同精心雕琢的成果。

憶起北醫那一段艱辛的歲月，由時光隧道倒敘而來。在教育部常務次長任內，面對北醫董事會擾攘的問題，曾經史無前例的二度解散董事會。雖然期間面對學校內派系和利益的糾葛，有時顯得心力交瘁，但是為了校務和醫學教育的發展，幾經多方溝通和協調，史無前例的組成以社會公義人士為主軸，追求社會公益為標的之董事會，終於為私人興學的公共價值與崇高理想高奏凱歌。

爾後，在政務次長任內，北醫董事會因為經營萬芳醫院的看法與學校行政部門意見相左，再度陷入緊張的關係。而經由個人代表教育部與學校高階主管協調後，北醫終於有了教學醫院的後盾，成為名副其實的「醫」「學」大學，致使北醫終於有機會能轉虧為盈、脫胎換骨。

因著和北醫這兩段因緣，在展讀這本書稿時，內心堆積的情感澎湃而來，那段時間和北醫董事會及師生們，為了學校發展殫精竭慮，為了突破瓶頸案牘勞形，種種的情緒交疊、榮辱與共，終於換得了北醫的這一天。北醫所在的信義都會商圈，高樓聳立，商旅絡繹不絕，正和現今學校的發展交相輝映，預告了北醫的下個五十年，杏林之光——薪火不息。

北醫一路走來，有風有雨，有淚水、也有歡笑。回首來時路，不論是曲折，或考驗，都已化成最美的篇章。欣聞成文兄出書記錄北醫五十年，相信是最好的醫學教育藍本，也是私校轉型成功的典範。「上醫醫國」將永誌傳唱，特此為序。

——楊朝祥謹誌

中華民國一〇二年六月三日

（佛光大學校長、前教育部長、考選部部長）

推薦序三

不怕燙的雙手，打造浴火重生的北醫

從我念高中要考大學的時候，北醫和高醫就是臺灣頭和臺灣尾兩個讓眾多學生拚命想考上就讀的醫學院。它們的附屬醫院，也一直是臺灣醫療照護的佼佼者，在臨床技術和醫師培養上，都保有亞洲一流的名號和實力。我在美國留學和後來在大學裡教書時，認識了好多位北醫校友，他們的談吐和學識都是令人尊敬的醫師風範，所以我一直對北醫印象良好，對學校創辦人的眼光和魄力也充分敬佩！

再次和北醫有較貼身的接觸，那是我由陽明大學校長轉任教育部長的時候。由於我對大學的業務比較熟悉，對臺灣高等教育的發展也相對比較憂心，因為臺灣人口不到兩千四百萬，卻擁有一百五十多所大專院校，資源的浪費和品質的下降，絕對是必然的現象，而且其中私立院校就佔了三分之二，師資和教學設備的不夠完善，是可想而知的。為了有效阻止高等教育體系的惡化，我必須仔細去了解每一所學校的運作狀況，才能制定政策去提升高等教育的品質。

我花很多時間仔細聆聽高教司和技職司的報告，要求他們列一份清單，把經營有困難、財務有糾紛，和董事會不安穩的學校，做詳細分析。榜上有名的學校，全省東西南北都有，而且危機重重、瀕臨解散邊緣的學校有好幾個。我要部裡的同仁妥善處理，不能任其惡化，影響學生和老師的權益。其中也有一些經過努力改善體質之後，校務漸趨穩定，且財務管理蒸蒸日上的學校。北醫就是一個特別好的例子。

北醫？我一開始以為高教司的同仁寫錯了名字，因為在我心目中一直是模範生的醫學院，怎麼可能出現在名單上？但白紙黑字，印得清清楚楚，錯不了！我要司裡同仁詳述這個案子，把前因引起的後果說清楚，把部裡不得不解散董事會，號召醫界有名望又公正無私的大老成立新董事會，讓校內的紛爭由顯性化為隱性，再減至無形的過程，都一一說明白。我聽了之後，心裡非常高興，因為教育部真的做對了事，讓這個有優良學術傳統的醫學院，從停擺的校務中復活，而且也看到了一個有潛力的學術團隊，只要有董事會給予正面支持，則潛能變成實力，才幾年之間，就恢復醫界霸主之一的地位了。

這個浴火重生、鳳凰再現的故事，不是神話，也不是電影情節，而是發生在臺北東區一個醫學院裡活生生的真實歷史。教育部行使公權力，依法接管董事會，絕對是成功的關鍵，但成功的故事背後，一定有真正的英雄人物，那就是教育部接管之後，前後兩任董事長，才是真正使機輪運轉不良的小船，得以在驚濤駭浪的怒海中脫身，穩穩駛向平靜大洋的舵手！首任董事長謝獻臣醫師的公正無私，穩住了以往董事會中紛爭的暗流，確立校務的辦學方針，安定了校園的師、生和職員；而且規劃了進取的醫療新制，讓學校走向社區，爭取更多資源。學校確實在安定中進步了。

就在一切漸入佳境，校務欣欣向榮的時刻，謝董事長不幸仙逝。所有新的理念和制度要落實，具體的行動方案要推出，真槍實彈上戰場的是繼任董事長吳成文院士。他有非常豐富的國際醫療（包括臨床和教育）經驗，由美國回臺灣一段時期了，相當了解臺灣醫學界的生態，又籌劃建立了國家衛生研究院，是能在此關鍵時刻幫忙北醫走向正軌，發揮潛力，成為世界一流醫學大學的不二人選。果然，在他的努力之下，協調、開創、溝通、再溝通，結合全校師、生、職員和校友的同心協力，鳳凰「北醫」終於在浴火中重生，而且身軀更強壯，羽毛更漂亮！

我其實非常熟悉吳成文這一段時期的豐功偉業。我從教育部回到中研院當副院長，成文服務的生醫所就在我辦公室附近，我有時會走到他的研究室，請教他有關陽明大學的生醫研究如何和臺灣聯合大學系統（那時我也是兼任的義工校長）裡清華、交通和中央的研究群整合的問題，對這位前輩的學識、眼界和國際視野佩服得不得了。他在《北醫故事》這本書裡所談的經歷，都是可被證實的，包括醫院裡醫藥經費爭奪戰，都是有憑有據的。當年也是他的遠見，把我從位處南部的中正大學引誘到陽明大學，主持臺灣第一部fMRI的認知神經科學研究工作，如今我們的腦科學是世界有名的研究團隊之一了！

讓北醫在浴火中重生，吳成文有的是一雙不怕被燙傷的雙手；然而，從無到有，建立了國家衛生研究院的臺灣奇蹟，靠的又是什麼呢？說穿了，不外乎他貫徹理想的決心和堅忍不拔的意志力；還有，他真的很聰明，對關鍵事件的拿捏準確得不得了，北醫有今日繁榮、蓬勃的景象，可喜可賀；成文兄，向你致敬！

——曾志朗

（中央研究院院士、前教育部長）

推薦序四

站在永續成長的舵上

北醫今日的發展，受到亞洲以及臺灣的肯定，其實是一代一代領導人耕耘以及累積的結果。雖言北醫曾經過一段動盪的時刻，然今日回觀，容我以聖經的話來說，卻是「crash and reborn（摧毀與重建）」的過程，而且這過程是充滿祝福的！

我是一九九五年以校友的身份進入北醫董事會，當下正是北醫經過數年的傾震，教育部重組北醫董事會，一群醫界菁英俊彥進入北醫董事會，無私戮力拉拔北醫之際。我以一個醫界晚輩，身沁其中，是學習，也廣開了視野。

細屬當年雄姿英發的醫界長輩，包括臺灣大學校長楊維昭、陽明醫大校長韓韶華、國防醫學院院長尹在信，與去年謝世曾任陽明醫學院院長的于俊、今年亦故去的臺大醫院院長林國信，以及承日本醫學教育深具醫者襟懷在任內仙去當時的董事長謝獻臣，還有自國外回臺期待為臺灣生物醫學研究打樁立基的吳成文院士，日後他且接替謝獻臣為北醫董事長，更有創辦人徐千田教授的公子同是科學家的徐明達等人；北醫何其有幸，居然可以集聚臺灣醫界的精華，給北醫一次組織的大改造，讓北醫步入長期的穩定發展，得以在風雨飄搖之後，重建新生。

這一段北醫的新生歷史，當然不是沒有陣痛的，但是董事團隊在宏觀的視野，以及以醫界一份子希望曾經孕育如此多秀異醫學人才的北醫永續與挺立，因此承擔了諸多的壓力。董事會在兩位董事長的帶領下，一步一步為北醫立下根基，從萬芳醫院到北醫升格為大學，以及附醫的成長，還有最艱苦的雙和醫院一役，都是董事會高瞻遠矚下的決定。今日北醫的一校三院，成為北醫未來大開大闔的基礎。

有醫界菁英的領導團隊，更需要學校領導者的行政媒合，這必須提到北醫歷屆的校長。胡俊弘校長為創辦人胡水旺醫師的公子，原在美任職，為了北醫回國，擔任院長以及配合學校升格為大學，這一段時間的積極與認真，有目共睹。之後是帶著滿腔熱誠與專業，也是從美國回臺的許重義校長，他幾乎是以校為家，為北醫紮下學術研究的基礎，北醫諸多的學術建置均出自他手。爾後是現在已經在政壇，重視學務績效的邱文達校長，他更進一步提升北醫的行政績效，讓北醫這一個大組織機器，汰舊換新，發揮更高的效能。而現任的校長閻雲，為國際知名的癌症研究專家，他同是北醫海外傑出校友；北醫爬越過階梯的成長歲月，終於可以回引過去哺育過的優秀校友，回到北醫已經是精緻巍峨的母校。這不同階段不同的北醫校長，成就了北醫的不同風範。

雖言我當時身在政界，卻是以北醫校友與醫界晚輩身份進入董事會，這一段時間，校友會也同時成為北醫有形與無形的支持，尤其是北醫當時於競逐雙和醫院之際，其他醫療團隊勢在必得的那一場艱苦戰役，當時大家同舟共濟，董事會、學校，以及我這個身為董事的校友，在各位董事的期許下，盡力進行必要的溝通。北醫這一仗雖打得險，卻是以實力拼得，光亮獲得，贏得榮耀。

當年兩位創辦人私人興學，創業維艱，北醫偏促於市區東隅之角，沒有人會想到五十年後，北醫所擁坐的是臺北市最精華的東區市肆。上一世紀北醫經過危機飄搖，也沒有人預料教育部擔當了教育官署的責任，讓吳成文院士邀請了不同醫療體系的領導者重組北醫董事會。有形的資產是看得見北醫在東區挺立，無形的資產是這一群醫界菁英與北醫歷任的領導者，為北醫所創造的私校管理文化。這文化的精髓是，以學校的永續為念，無私與專業，不謀利，為辦學，以及提升醫院的醫療水平，讓北醫的永續，建立在理想興學與良善制度上。

以今日回溯，過去北醫曾經的歷史是加分的，沒有經過這一場激烈的碰撞（crash），那有今日的新生（reborn），北醫所寫的這一頁私校歷史，當足以做為其他私校體質更新的殷鑑。我相信這才是上蒼對北醫的祝福：它將成就，也必榮耀。

以本篇為序文，為感念曾為北醫創造如此優質文化的醫界先進們，以及曾在北醫共同戮力的行政領導者。

——洪奇昌

（北醫董事會董事、前海基會董事長、前立法委員、前馬偕醫院精神科主任）

自序

記下北醫這一場蛻變與新生

走在豔陽的熾熱下，晨起的北醫醫學綜合大樓在背光的影映下，有一種莊嚴與凝聚，正對著這彥碩建築物的視野，右邊相伴的是「沈思者」與鐘座，身後則是郁郁菁菁小巧玲瓏的綠地秀樹，再往左瀏覽，迴廊盡處的北醫附醫醫療大樓，以及連接高挺的第三醫療大樓。看一看這座北醫的家，創校迄今五十餘年，將近半世紀的淘洗與成長，北醫今天真是不一樣了！

醫界的友人常說：成文，你把北醫自谷底拉起來，你回國之後，除了中研院生醫所，以及國家衛生研究院，北醫也算是你「另類」的成就吧！我每每笑著回答說：北醫的確是我在醫界的另一場意外接觸，當時醫界的先進與大老願意不計毀譽，大家一起來幫助北醫，北醫的成就不是我一個人能做到的，是醫界齊心合力，只問耕耘，不問收穫的成果。

當然這就是我書寫「我們」這群人在教育部重組北醫董事會進入北醫所經歷一切「過程」的因素之一。我們這群人，過去為北醫所豎立以及建造的，其實不在於可見的北醫綜合醫學大樓、北醫附醫的第三醫療大樓，以及因著BOT激烈競爭而來的雙和醫院，更深一層的是，我們期待為臺灣的私校建立一個社會公器的典範。教育是百年樹人的大業，教育是社會進步的基礎，教育的理想是作育英才，而最終的目的是為社會國家培養新生代的「國家主人翁」，教育的終極標的就是國家進步的表率。

我常常說，西方先進國家最優秀的大學，幾乎均是私立院校，例如英國的牛津、劍橋，美國的哈佛、耶魯，及長春藤系列等的大學，在於私立大學只要經營以及管理上軌道，更容易發揮自由競爭的學術風氣，較之公立院所需要仰仗政府預算甚而規範約制等，有著更好的機會。當然，這必須有相對的條件。其一，辦學的價值不同於利益市場，但是要學習如何以卓越的學術與教育來競爭興利；其二，如果希望於學術舞臺中角力，一定要吸引一流的師資以及學生，因此學術經營的理念與制度一樣重要。

北醫有很好的基礎，在於醫學院的學生一向是我國最秀異的青年，但是我國私校的經營因為文化使然，常在公、私分際，以及教育是否為利益事業體的觀念中打轉，北醫只是彰顯出來這個窘境的一個非常特殊的學校。我常想，所幸北醫是一座吸引最優秀學生的醫學院、北醫曾經培育出許多優秀的人才、北醫人在醫界的表現一向亮眼、當年北醫的學生也不懼不畏地據理力爭；這些背景因素，幫助了北醫。

當上一世紀北醫出現校務危機時，公部門的教育部負起責任，二度解散了北醫的董事會，醫界的前輩菁英願意擔當責任，「聯手」扛起興救北醫的情懷，這一趟聯手，所建立的不只是巍峨的一校三院，最重要的是為北醫釘下學術經營的理想：學術、教育、優質醫療三個面向的堅實制度，讓北醫脫離了因為公利益、私利益模糊不清的傳統私校文化的經營模式。

算一算這一仗，我們一共打了十五年，說這十多年是一場艱苦的「戰役」，一點也不為過，我在書中敘述場場「過關」的經過，也曾經有著如刀光劍影的驚險「鏡頭」。當年，我百思不解，想著，我們是幫教育部以及北醫的師生做事，除了微薄的會議出席費之外，沒有一位董事有薪給，大家秉持著醫界一份子為北醫綿盡心力的信念，沒有利益的當下，還有如此多不當的抨擊，也才反思出，私校文化的確有許多需要更新之處。那時我已思索著，如果北醫在這一場戰役中勝出，將來它必可以做為其他私校教育永續成長的鏡子，因為北醫做得到，其他私校也可以做得到！

所以書寫這本書有著幾份用心：第一當然是為北醫留下一段真實的歷史，我期待為北醫註記下昔日為北醫奉獻心力，沒有酬勞，卻無私拉拔北醫的醫界長者；第二則是期盼為我國私校的經營文化點出一條明徑，教育事業不是營利機構，但也必須茁壯生存，大家也許可以看一看我們這群沒有財經背景的學者，如何在學術思考的基礎上，落實在教育、人才、制度更新的基礎上，來重建北醫。

最後一點，也是最重要的是，期許北醫經過曾經的陣痛，在今日已經擺脫財務迫窘的起點上，一路向前。北醫人必須把創業維艱的過去成為自己逆增上揚的動力，所以今天的北醫有責任比過去更好。

我在熾炙陽光下北醫鐘座側的沈思者雕像旁，看著北醫今日的亮麗與生氣，心中有許多的祝福。離開北醫之後，除非因為醫療的需要，已鮮少步入北醫校園，現在走入茵翠小徑，北醫已在我的身後。十多年的努力真是看得到的，我感激於北醫讓我堅信學術與教育的信念，當一切為校中的莘莘學子，當知道學術教育的理想是北醫的永續基石，北醫已經蛻變新生了。腳步離開了北醫的校園，而我感覺自己的嘴角上揚，有著寬慰的微笑。

——吳成文

北醫故事

一個私立大學的蛻變新生

目錄

臺北醫學大學亞洲頂尖100大學
TMU: One of the Top 100 Asian Universities
醫學綜合大樓
1960

黃際鑫醫師中風研究中心
Dr. Chi-Chin Huang Stroke Research Center

1 流光回憶五十載

五十年，所代表的不只是一個時間數字。

二〇一〇年六月一日，臺北醫學大學（以下簡稱北醫）五十年。熱鬧的慶祝活動在北醫的體育館舉行。

晴朗、熱意微酣初夏的驕陽，吳成文進入了校園。這一個位於臺北市新都心信義精華區、距離世界知名摩天大樓一〇一只有八百多公尺的醫學大學、這一座期待成為都會中精緻醫學大學的五十週年紀念日，今天的慶祝活動將是成長的註記。

北醫五十年，當日活動節目熱鬧非凡，賀客盈門。吳成文與一群貴賓比鄰而坐，身旁有歷任的校長、董事會的董事們、駐外的使節，教育部長吳清基，以及曾經擔任教育部長的曾志朗與楊朝祥等人，而今天最重要的貴客是總統馬英九。

舞臺炫亮，樂聲昂揚，燈光下的來賓，笑意盎然，鎂光燈閃爍耀眼。這是五十年來的豔彩紀錄，北醫的工作人員兢兢業業，穿梭接待，不敢稍有疏忽，手中的相機對著與會的嘉賓閃個不停。

巨大的投影布幕，一張張往昔歲月的耕耘足跡，有如流光影像的回憶。五十年，從草創篳路、艱困肇基，到宵旰經營、勉力圖存，以及五十年後的茁壯成長。一眠一吋長，一天一尺大，算算年輪時光，總共有一萬八千二百五十天，如果以人的歲數丈量，正是成熟穩健的壯年時期。

一座因著理想而建置的學校，在五十年前黃穗的稻田旁，兩、三座簡單的鐵皮屋教室，教育的百年大業鳴鼓起步了，懷抱懸壺濟世願景的青澀學子，踏著秋水泥濘的田間小徑來到學校。

見五十年前畢業的北醫校友髮鬢成霜。五十年前校區外是牛隻懶行，稻青苗曳。然歲月拿起那隻轉折起落、變幻莫測的手，讓五十年過去的臺北市郊東區，發展成為今日都市的經濟心臟。這一個精華地段是跨國商賈的集聚地、更是泊來精品的消費天堂。煥然一新的都市景觀見證了歷史，書寫出興衰替易。

五十年的時光膠囊

北醫莫不如此，創業維艱，一路行來，也是啟承轉合，錯落闖進。創校的理想夾伴著成長時曾經的紛擾動盪，一所醫學教育機構的經營，在精益求精的標竿下，如此地龐大與複雜。成長的步履是過程也是經驗，若能夠汲取精粹而傳承下來，那一頁一頁的蛻變茁壯，將不是死板板的紀錄，而是北醫的骨肉命脈。

馬總統打開時光膠囊，這是北醫五年前第三醫療大樓興建時，北醫人埋入地下的心願。五年猶如一瞬，北醫今日已是羽翼豐盛，在總統的祝福致詞之後，大家再度封存心願，將這時光膠囊放入地下，等待來日展讀。紙上的心願與期待，為所有企盼北醫逐日上揚的人的心念刻痕，更是吳成文衷心的祝福。

教育部前部長楊朝祥上臺致詞，說出一段語重心長的話語：「北醫現在一片蒸蒸日上，但是別忘了，曾經經過十多年辛苦的日子；今天的北醫是一群人不計艱辛，大家攜手努力奮鬥的結果。」

的確，這一群人絕對不是北醫的過客，因為北醫的歲月中有著他們掌舵牽成的雪泥鴻爪，這一群人默默地投入了十餘年的時光。

吳成文尚有會議，他離開會場時不意見到楊朝祥，楊朝祥對吳成文說：「北醫有今天，這十幾年你所參與及領導的董事會有極大的功勞，這一個團隊是私立學校董事會的模範，北醫是你們拉拔出來的。」

吳成文笑著跟他擺擺手，算是回應了這一段真誠的稱頌。現在，他已經自北醫董事會退下來，昔日昔年，舊時奮鬥接續今朝繁盛，故事可是綿綿長長。

的確，這一段過程，對吳成文來說，不只是時間數字，而是親身實地的參與，雖然，當年教育部長毛高文希望他幫北醫重整之際，那當下，他不曾想及自己未來會參與得那麼深，北醫成為他回國為臺灣發展生物醫學研究之餘的一個意外，卻也讓他綿盡精力。算一算，這一個意外的投入，讓吳成文繫念了北醫十餘年。

有人說，北醫是吳成文回臺之後，對臺灣醫學教育的另類貢獻。因毛高文之託，他協助教育部建立北醫的董事會，直到北醫破繭而出，功成身退，的確是吳成文生涯中的另一個驚嘆號！這一個驚嘆號，讓北醫蛻易成蝶，五十年後的北醫方得以如此驚豔登場。

當年受毛高文之託

打開北醫的校史，把時間座標拉到上世紀九〇年代，北醫的學生運動如火如荼。吳成文在一九八八年應邀回臺擔任中研院生醫所籌備處主任，那時，毛高文為教育部部長。毛高文來自學界，曾擔任清華大學校長，在他任內積極推動減輕國中生課業壓力的政策，被譽為教育戒嚴，是一位非常有理念的教育部長。

毛高文是吳成文師大附中的學長，在中學時已經認識，不過，兩人並不相熟。吳成文回臺之際，毛高文方接任教育部長，因為是老同學，再加上毛高文於清華校長任內成立生命科學院時，吳成文曾著力獻策，兩人漸漸熟稔。擔任教育部長的毛高文因與醫界較無淵源，因此有關醫學教育等重大決定，常諮詢吳成文的意見。兩位對臺灣學術均有理想的人，互動溝通更了無障礙。

一次，吳成文接獲毛高文的急電，希望吳成文撥空到教育部一趟，他有要事商議。吳成文抓出空檔，急忙往教育部與部長會晤。

那正是北醫學生運動風起雲湧的當下，北醫的各個學系組成「北醫學生愛校自救聯盟」（註），集體到教育部抗議學校教學品質低落，設備老舊，以及校區空間窄礙等問題。毛高文曾經擔任大學校長，對於學生們的要求與際遇，非常地同情。

他一見到吳成文，劈頭就說：「成文，你們醫界為甚麼如此複雜？北醫的董事會被教育部解散了兩次，第一次是因為董事意見不合，各方交惡，互不相讓，開不成會。董事會火爆爭執，讓學校動彈不得，所以，教育部解散了董事會，還另外派了五位董事，組成新的董事會。過了幾年，董事會又分裂了，一再紛歧爭擾，又開不成會，學校形同停擺，教室與學生宿舍破舊，教學品質下滑，弄得學生為了自己的權益上街頭，真讓人心疼。」

說了這麼一長串，毛高文接著問道：「成文，你才從國外回來，在醫界比較沒有包袱，要不要幫一幫北醫的忙？」

一席話，讓吳成文意想不到，原來部長是因為北醫的事情，希望他來幫忙。誠如毛高文所說，那時吳成文方回國不久，為了發展生醫所的研究業務，積極與各醫學院互動，不過對北醫的情況，卻所知不多，只是從新聞媒體的傳播知道北醫學生與校友會的學長們上街頭、爭權益，搞得沸沸揚揚，學生的街頭運動反映出學校的教學已經出了問題。

吳成文回臺的理想為提昇臺灣醫學研究的水準，未來可以在國際上競爭。醫學教育所培育的菁英是醫學研究的基石，想到這裡，吳成文覺得身在醫界，的確義不容辭，而北醫又是一個有三十餘年歷史的學校，他在臺大醫學院讀書時，尊敬的老師徐千田教授，是北醫的創辦人之一，也曾擔任過北醫的院長，如何讓北醫自谷底拔升，相信也是徐教授心中的企盼。

思索當下，吳成文慨然說道：「好，我來幫幫忙！」他是一位重然諾以及劍及履及的行動派，這一句話，影響了未來的北醫，也讓吳成文回臺的耕耘中，寫下了一段與北醫胼手胝足、相繆相攜的歲月。

關鍵的第九屆董事會

這是北醫創校五十週年的慶典，對一個希望永續經營的學校，五十年不算長，但是對一個私人興學、曾經面對學潮與經營危機的教育機構，北醫的五十年有如逆水行舟，成長的歷程如此暗灘湧流，路曲道折。即使現在，吳成文回憶與北醫一起「肩並肩，飛步走」的日子，心中還覺不容易。

既然答應了毛高文，吳成文開始忙碌起來，第一件事就是幫助教育部成立「北醫董事遴選委員會」，他邀集了國內重要的醫學院院長，包括臺大、陽明、國醫、成大、高醫等學校，以及知名的醫界耆老，大家一起商議，幫教育部建議北醫董事會的人選。委員會將提供的名單呈報教育部，再由教育部核定成立了北醫的第九屆董事會。

當年吳成文回國時，有許多人告訴他，臺灣的醫界因各有師承，有時不免難以共事溝通，但是這一次，與會的委員來自各個醫學院，大家卻願意為北醫提出鍼砭對策，這場經驗讓吳成文感受到，醫界的菁英們互動並不困難，重點在於大家必須要有共同的理念。

這一次醫界的大老們攜手並進，無企無求，參與了北醫董事會名單的建議與規劃，因為他們都希望北醫能夠度過難關。

教育部的名單出爐了，有八位醫學院前任或是現任的院長、副院長、知名教授，三位校友，共計十一人。包括陽明醫學院院長韓韶華、曾擔任榮總副院長及陽明醫學院院長的于俊、國防醫學院院長尹在信、臺大醫學院院長陳維昭、臺大醫院院長林國信、成大醫學院副院長葉純甫，他同時是北醫的校友；中研院生醫所的徐明達，他是創辦人之一徐千田教授的公子；著名的公衛學者藍忠孚，他是前任唯一留任的董事；另一位卓越的校友為擔任臺北市醫師公會理事長的吳坤光；之後為吳成文，和方自高雄醫學院院長退休的謝獻臣。

這是一個堅強的學術董事會，大家沒有利益的爭執，沒有北醫的包袱，共同的信念是幫助北醫渡過難關，第一階段的任務是讓北醫的教育以及經營走上軌道。不過現下董事會的當務之急，是推選一位領導的董事長。大家選出了對私立醫學院在教育與經營、甚而醫院管理最有經驗的謝獻臣教授。

謝獻臣臨危授命擔任董事長

在北醫動盪的時刻，要找一位願意肩扛責任的董事長是不容易的，於是說服謝獻臣的任務，又落在吳成文身上。他親自拜會了這位醫界長輩。

果不其然，謝獻臣搖頭不願意接任，他說著：「我好不容易把高醫的擔子卸下來，退休了，你還來找麻煩，北醫的問題不像你想得那麼容易解決。」這句話，堵住吳成文的口。

吳成文非常尊重謝獻臣，除了他是醫界的前輩之外，也在於高醫一向有優良的學術傳統，在謝獻臣任內，吳成文正計畫籌設國家衛生研究院，為此他與謝獻臣時有互動。每一次到高醫，謝獻臣均親自接待，非常支持吳成文創立國衛院，是一位具有視野以及學術理想的醫界長者。吳成文成立國衛院在全國舉辦上百場說明會及溝通會議爭取醫界的認同，只要在南部舉行，謝獻臣均主動參與，對吳成文的計畫亟力支持。

也因為謝獻臣對臺灣醫界的熟悉，知道北醫過去所面對糾葛的問題複雜，董事長的角色難以扮演，所以不願接任。那時，吳成文對北醫的狀況不是十分瞭解，只是一腔的熱心腸，覺得不能讓這麼重要的醫學院就此沈淪，所以，希望謝獻臣能夠答應。他說著：「您還記得當年高醫的情形嗎？」

吳成文口中所說的是一段高醫的成長故事。昔日高雄醫學院也曾經因為董事會與學校之間的爭議，發生經營以及教育的瓶頸。「那時候，臺大醫學院院長魏火曜教授才從臺大退休，臨危授命到高醫接任院長，把高醫穩定起來，這是高醫重整更生、一躍成長的關鍵。」吳成文對著謝獻臣誠懇述說。

「您在院長任內把高醫治理得很好，大家都非常尊敬您，但是沒有當年的魏火曜教授，也許沒有今天的高醫。現在北醫有難，輪到大家一起幫忙，這也是我們醫界合作回饋的時候。北醫的確需要對私立醫學院有豐富經驗的您以及大家來幫它度過難關。」這些話打動了謝獻臣接下董事長的職務。

這一個有意義的日子是一九九二年七月。第九屆董事會進入了北醫仍兀自爭擾不休的紛雜中，希望遏止陷溺的北醫進入正常的運作，也希望這一劑鍼砭，正中要害，治癒北醫的沈痾。

當然，日後，吳成文才知道，要提升北醫，其實不是那麼容易，當年無論是一份熱誠也好，或是對醫界的使命感也罷，承諾了，就要負責與堅持，所以，就這麼不知蜀道艱難地走進了北醫。

註釋

註：詳見第二十一章「風動歷史——記昔年學生運動」第二〇三頁

2 驚濤駭浪接重擔

這一個肩扛使命的第九屆董事會真的在驚濤駭浪中登場，那當刻吳成文並不知道北醫的問題如此複雜，因為有著往昔的糾結，其實已是冰凍三尺，積病既久。這一群以堅實學術為基礎的醫界長者，在謝獻臣終於首肯擔任董事長之後，大家才披掛上陣，為北醫撩起衣袖，真個「刨地」幹活了！

但在大家進入北醫的經營，以及企圖去解開北醫成長歷史的艱困之際，才發現兵家之難，刀「斷」於「利」，這一群有「學術力量」的董事會，與過往可能因為深藏「利益對立」的經營團隊之間的抗衡，其實是很難四兩撥千斤的。

創業維艱，北醫人上進爭氣

有歷史就有舊事，必須回溯北醫的創立過程，才能瞭解這一步一腳印的辛勤足跡。北醫為一九五九年由行政院奉准籌設。當年的時代背景為密醫橫行，專業醫藥人才不足，即連核發醫師證照亦是弊端連連，民眾的醫療環境極其混亂、落後。因此一群受過專業以及高等醫學教育的醫界菁英，包括胡水旺醫師、徐千田教授等有心人，希望藉助私人興學的方式，設立醫學院，來訓練培養專業的人才。

當然要設立一所醫學院，早期的拓荒非常困難，無論就校地、資金、師資，以及學校的硬體設備等等，總是千頭萬緒，必須逐一去克服。私人興學原本就不易，兼之當時社會貧困，學校難以募財，所以，在北醫校史中，以「創校維艱」四個字形容初期「泥濘」的情景，的確不為過。

「但是北醫人卻非常爭氣。」這是吳成文對北醫畢業學生的評價。他說，因為北醫與當時的公立醫學院，如臺大或國防相較，資源相形見絀，就像是貧窮人家的小孩與家境較佳的小孩相比一樣，不過人窮志高，北醫人畢業之後，在各個領域都非常努力，表現優異突出；例如臺灣有許多學會，北醫人都非常活躍，就可以看出北醫人的骨氣以及拼勁。

這麼一個有歷史以及理想的學校，為何演變成經營上的爭議？這是吳成文進入北醫董事會後，透過與謝獻臣的溝通，才漸漸瞭解的。

「謝獻臣董事長是一位溫和的長者，雖然他的性格和緩，卻任事認真，他對私立醫學院的教育與經營非常有經驗，更可貴的是他的信念，他一心要把北醫帶到正軌，不過在過程中遭遇到許多挫折。」吳成文說，因為是他請求謝獻臣到北醫來的，所以，謝獻臣也習慣找吳成文說說北醫的狀況，以及他所看到的問題。

百億校地，奇貨可居

過去北醫雖然經營相當吃力，但是北醫的校地卻是許多財團眼中的金礦，在於北醫位於臺北市內，這一塊校地於信義計畫區開發之後，土地的價值更形飆漲，已是寸土寸金，難以估算，以市值來說，百億以上絕對沒有問題，而更有財團評估在兩百億以上。

一個不算富裕的學校，卻擁有超過百億的資產，因之歷年來董事會的競逐不斷、爭鬥連連，這中間的利益對立，是千絲萬縷，誰也說不清楚。吳成文聽得謝獻臣如此分析著，才知道，原來過去董事會的爭議，一直與北醫擁有的土地資產有關。

怪不得當時謝獻臣一直說，北醫的問題不是外人可以釐清的。也無怪乎，第九屆董事會成立時，舊有的董事會一陣嘩然，因為當時他們以為被教育部解散了，教育部至多循例派來五位董事，五位「部派董事」未必能扞格董事會的運作，對北醫的改革無濟於事。

沒想到，教育部居然組織全新的董事會，這一奇招是舊有的董事會無法逆料的，於是有些別有居心、甚至曾經彼此對立的董事們又聯合起來，去監察院申訴、檢舉，更一狀告到法院，與教育部爭訟六、七年。只不過，他們一直無法打贏官司。

「在當時這一個背景下，可以想見第九屆董事會的壓力了！」吳成文回憶起昔年情景。隨著與謝獻臣緊密的互動，他漸次瞭解歷屆董事會的爭議，其實脫不開一個「各自計量」的心結。

北醫在都會區，因為校地的幅員有限，過去董事會一直希望遷校發展。以為北醫永續成長的著眼點來說，尋找一塊較大的校地，遷校發展，其實是不錯的思維。重點就在於北醫為私立的學校，背後又沒有大財團的支持，遷校一定要販售原本的校地。

這一塊校地的價值，除了因為位於信義計畫區之內，更涉及未來的土地變更，如果可以成為住商混合的用地，其經濟效益就不只是土地的可見利益而已。也在於未來可評估的利益龐大，遷校的議題就不是如此單純了。

經過了謝獻臣實地進入校務，漸次瞭解過去的狀況，吳成文才如拼圖一般，抓出北醫董事會如此爭議不休的重大因素。

校友與學校的微妙交集

另一件事情是吳成文沒有想到的，是參與學生運動的某些校友。當時吳成文只以為校友們為學弟妹們爭取就學以及生活品質的權利，但是，有一些參與學生運動的校友其動機卻不在此（註）。據說有一些校友與北醫附設的醫院多有業務往來，這些校友知道董事會的爭鬥難以弭平，所以積極參與學生運動，過程中向教育部提出訴求，希望北醫的校務由校友會來接管。

學校原是傳道、授業、解惑的教育機構，如果經營團隊因為有各自的打算，忽略了教育的終極目的，教學品質與學生的保障自然低落。北醫在二十年前的危機即在於，經營者欠缺正確的觀念，因為，無論是始創者或是所有曾經捐贈北醫資財的捐贈人，必須認知學校為社會的公器，學校的教育在為學生以及社會負責，學校絕非私產，不能私相牟利，或以商業的眼光來興學；所以也不該是所謂的「投資」建校，等待「利益回收」的觀念。

「不過，衡觀國內私立學校，其實，能夠把守好這一公、私分際的，的確不多。」這也是吳成文未來在北醫肩扛更多的責任之後，對國內私校經營的感慨。

所以，謝獻臣領導的董事會，第一個直接而來的壓力，就是原有的董事會與某些校友們。他們除了興訟之外，亦動作連連，其目的無外乎透過各種方式，希望再度進入董事會。

這要從第九屆董事會未設立之前說起。當時教育部「北醫董事遴選委員會」的委員們建議創辦人依舊進入董事會。這在於私立學校法第十二條中提及，第一屆的董事，除得由創辦人擔任外，第一屆的董事也經由創辦人推薦聘任，之後，再依據法規每一屆重新遴選。

雖說，這已是北醫的第九屆董事會，但是委員們還是企盼邀請當年的創辦人進入，一方面是尊重其對北醫創辦初期艱辛投入的心力，一方面也希望讓創辦人知道新的董事會的運作。

那時，徐千田教授已經謝世，其董事乙職由其公子徐明達教授繼任。另一位創辦人胡水旺醫師已辭當然董事之職，他的公子胡俊弘於一九九〇年回國擔任校長。依法董事以及校長無法同時接任，為此，吳成文特地諮詢胡校長，說明委員們的建議，不過，委員不干預他的選擇，由他決定擔任校長或是進入董事會。胡俊弘選擇了校長，委員會尊重他的決定。

因推薦董事而得罪立法委員

因為是新的董事會，所以，有許多人磨刀霍霍，透過各種方式與吳成文溝通，甚而施加壓力，雖說吳成文也是委員之一，但是他一切交給委員會處理，並不干預。可是這期間發生了一件事情。

當時有位知名度很高的立法委員，曾對吳成文所籌備的國家衛生研究院非常支持，因為這一層關係，與吳成文認識。有一天，他到吳成文的辦公室，帶來北醫牙醫學系畢業擔任牙醫師公會全國聯合會的理事長，並對吳成文說，這是他的弟弟，對北醫的發展一向關心，要求推薦為北醫的新董事。

不過在董事名單出來時，並沒有這位牙醫師。這一下，吳成文得罪這位立法委員了。他非常不悅地再一次約見吳成文，口氣倨傲地說：「連行政院院長看到我也禮讓三分，你居然不買帳，以後國家衛生研究的事情看著辦，大家在立法院見。」

這是國會殿堂的立委，一個學校的董事職位，就可讓他大動肝火，甚而語帶威脅。吳成文做事情一向是秉公處理，他非常有耐心地對這位委員說：「我的確推薦了令弟，但是他沒選上，這是公正的選舉，每一位委員都要遵守，我不可能去改變。」

這時，吳成文只知得罪了立委，卻不知其實也得罪了某些校友，這一群校友一直希望進入董事會，對於北醫未來無論是遷校或是出售校地，能擁有發言與決定權。

因著董事會的選舉，吳成文漸漸瞭解，北醫舊有包袱中，一直有兩股力量在拉扯著：一是分了派系的董事會、一是過度熱心的各方校友。這兩股力量在校內互有交集，各有地盤，也都八方玲瓏、長袖善舞。以謝獻臣為首的這一群醫界前輩，要在北醫這一塊剪不斷、理還亂的生態中有所作為，的確不容易。

校方獨行其事，董事會難以約制

「後來想一想，真的對謝獻臣董事長有絲絲不忍，他在北醫任內，盡心盡力，每一天都去上班，總希望把北醫拉上正軌，但因為常遇到挫折而鬱鬱寡歡，有時過來跟我說一說，還會老淚縱橫，真是讓我難過。」吳成文說出的這一段，相信鮮有人知。

有許多事情是讓謝獻臣難以釋懷的，例如學校每一年人員的聘任以及預算，必須由董事會核可通過，重點是董事會通過了，學校未必遵行，待來年呈報董事會時，預算都大幅超前，學校以及醫院的員額總是不符，讓董事會傷透腦筋。

有時是要添購重要的醫學儀器，依規定，超過一千萬元以上必須由董事會核定。這一群董事均來自醫學界，深知各個儀器的價格以及是否有需求等，因此難免有不予購置的建議，但奇怪的是，學校還是我行我素，自行添購。

董事會中有一位數字精算王，他就是徐明達教授，任何報表數字難逃他精準的法眼，他時常發現帳面不符的情形。如上所言，價值達千萬以上的醫療儀器，即使董事會不予同意，學校仍照買不誤，還將帳目拆成數筆，以化整為零的方式入帳，這一些小機巧，絕對逃不過徐明達銳利的抓帳能力。只不過，機器已經添購、人員也已聘用，董事會這時無法有任何作為，只能無奈的任由它去。

「這是謝獻臣悶悶不樂的原因之一，他總覺得北醫過去的文化積習一直在，校方其實不把他們口中所謂的『部派董事』當一回事。」謝獻臣已經謝世，這一段曾經的對話，是吳成文放在心中許久的。

但是，儘管環境惡劣，謝獻臣鞠躬盡瘁地在北醫擔任了八年的董事長，這期間依舊是風侵浪襲，一件一件的故事不斷。

註釋

註：詳見第二十一章「風動歷史——記昔年學生運動」第二〇三頁

3 私人興學，意在作育人才

謝獻臣教授擔任董事長八年，這八年吳成文與其他董事們一樣，在董事會中支持董事長的裁決。那時因為他自己為設立國衛院而忙碌不已，國衛院設立之後，也因為院內的學術業務以及建院等事宜，幾乎讓他投注所有的心力，所以，對北醫的事務，雖然關心，還是以輔助謝獻臣董事長為主。

謝董事長心焦學校的發展，以及對學校的某些運作非常不以為然的心境，其實，吳成文最能體會。

公領域與私領域的衝突

有幾件事情是讓謝董事長非常介意的。例如，謝董事長對吳成文說，教育部對學校的補助款，學校將其移做添購創辦人的私人座車，他認為這是假公濟私，但是知道時座車已經添購，他無力阻止，非常沮喪。

另一件事情是醫院購置重要的醫療儀器或是工程標案，只要是金額龐大的，學校高層一定在場。以董事長的判斷，他覺得必須去瞭解一下，所以，一次，參與了一件醫療儀器的採購案。現場他發現，這部醫療器材，約價值一千萬左右，但卻是以高過市價的價格決標，讓身在標案會場的謝董事長非常生氣，他當場說，這部機器頂多一千萬，為甚麼價格這麼高？不過，言者諄諄，聽者藐藐，沒人理會董事長的話，他只得含怒離開。

也是這一件事情，讓謝董事長對吳成文傳述時，老淚縱橫，聽得吳成文非常不忍。事後回想，吳成文對於北醫的運作過程，有著絲絲的感慨以及同情，因為這涉及私人興學的初衷以及所謂回饋的期待。

北醫的創辦人胡水旺醫師，是一位有著正確醫療觀念初衷的長者，當年因為眼見政府來臺後，一片醫療亂象，無論是醫療品質的低落，或是醫師執照的濫發，以及醫學教育的不足，都讓一位有專業訓練的醫師看不過去，所以與其他志同道合的醫師以及教授，如徐千田等人，排除萬難，捐資成立北醫。他們對北醫的貢獻，絕對值得肯定。

文化習性與公民社會認知的差異

但是，重點就在於私人興學的背後價值。吳成文說，在美國，知名的大學幾乎都是私立學校，例如哈佛、耶魯、史丹佛等大學。這一些大學歷史悠久，當時的創辦人一心希望提昇大學教育，捐資之後，鮮少介入學校的業務，讓專業的學術人經營學校，使學務逐日成長精進，進而吸引更多優秀的人才進入校園。而且上述大學，沒有聽聞創辦人家族世襲，或是在學校擁有特殊禮遇的事宜，因為他們認知，學校屬於社會，私人興學是理想，也是個人回饋社會的大愛。

但是這樣的價值觀，卻不是傳統中國文化的傳承。中國過去的私塾，無論是在富家的宅院，或是同姓宗祠的學堂，都是屬於家族的，家族亦將之視為自己的資產。沿襲著這樣的觀念，無怪乎，在臺灣許多以個人捐資所成立的學校，一直覺得學校是個人的私產，遇有利益，也不認為應當迴避，因為，文化的習性使然。

而這種文化習性，與公民化社會所認知的教育是社會化資產的觀念，根本相互抵觸。臺灣有許多私立學校的經營，一直出現捐資家族與學校運作的爭議事件，其實，有文化的背景，也與公民化社會未臻成熟有關。吳成文認為這是成熟社會進化以及變革必須經過的痛苦過程。北醫只是浮現這個問題的其中一所學校而已。

他還記得他擔任董事長時，每一年校慶循例均會邀請高齡的創辦人胡水旺醫師參加，印象中，胡創辦人每次上臺致詞，幾乎都在控訴昔年因涉及學位案的司法訴訟不公，讓他枉受冤屈。臺上的創辦人氣鬱難平，臺下的學生卻莫名所以而不顯關切。

吳成文覺得這對創辦人未必好，有一次他忍不住對胡俊弘校長說：「創辦人年紀這麼大，當年如果是冤枉的，其實，應當以法律的途徑討回公道，而不是每一次校慶就對學生說一遍。說實話，這一些北醫的舊事說多了，對北醫有損，學生的觀感亦不佳，對創辦人也是傷害。創辦人如此高壽，更應當保護好自己才是。」

說這話的心情，吳成文是感慨的。因為他知道，以中國的傳統，家族企業、家庭傳承是非常重要的，大家均認為這是家族繁衍的基本要求，有投資必須有收益，本來就是天經地義；但是大家忽略了教育投資在於百年樹人，回收的利益是「人才」，這才是私人興學最可貴的地方。

所以，吳成文非常能體會謝獻臣董事長的眼淚，以及他那恨鐵不成鋼的心情。

勞心勞神，謝獻臣在任內辭世

在謝董事長任內，讓他劬勞辛勤的另一件事情，就是延續北醫原本要遷校的共識。北醫遷校的因素，根據法規規定，要成立大學必須要有二十五公頃的校地。

北醫希望升格為大學，但是校地不足，升格為醫學大學對北醫的長期發展有利，但是，北醫在市中心的都會區，以校地的規範言，根本沒有機會升格成為大學。

日後北醫能升格為大學，在於教育部亦知道，這一條款約制了許多學校的成長，順應而修訂法規（註1）。然在法規尚未修改前，謝董事長為了北醫的發展，風塵僕僕，馬不停蹄地尋找新校地。他遍訪桃園、新竹、宜蘭，吳成文也常隨著謝董事長去看可能的校地。

謝董事長年事已高，仍心繫北醫的正常運作以及發展，從他如此認真與盡心盡力的工作，即可以見微知著瞭解所有董事們對北醫的冀望了。

謝董事長的夫人身體不佳，住院調養。他一方面關懷校務，一方面又擔心妻子的安危，那一段時日更是悶悶不樂，讓吳成文非常掛念。一九九九年，謝獻臣董事長的夫人謝世，這一個打擊，讓他的身體健康急轉直下，才一年時間，謝董事長也在二〇〇〇年的四月二十五日，於任內辭世。

消息傳來，每一位董事均非常哀慟，尤其是吳成文，他每每想起謝董事長為了北醫的校務，事必躬親的身影，而隱隱傷懷，他為自己沒時間多幫忙而自責。

謝獻臣董事長在北醫八年，每日上班，勞心勞神。他在任時，支持北醫簽下北市府第一椿市立醫院萬芳醫院的公辦民營案件；開始規劃北醫升格為大學的前置作業；建立和諧的董事會，破除過往董事會招人詬病「因利爭執」的積習。北醫五十年的歲月中，謝董事長孜矻耕耘，絕對值得紀念（註2）。

積極邀請校友進入董事會

北醫董事會的任期為一屆三年（註3），謝董事長任第九屆以及第十屆、第十一屆董事長，而這幾屆董事也隨著北醫校務的需求有所更動，增加好幾位校友董事。

第十屆董事計十一位，原第九屆各醫學院的院長均留任，為于俊、尹在信、林國信、韓韶華、陳維昭、葉純甫、吳成文，以及創辦人之子徐明達；替換的兩位為藍忠孚、吳坤光下，由洪奇昌、李祖德補上。

洪奇昌與李祖德為北醫的校友。社會大眾對洪奇昌並不陌生，他為北醫醫學系畢業，曾任馬偕醫院精神科主任，為民進黨的元老級政治人物，擔任過五屆立委，在政壇風評不弱。

李祖德為北醫牙醫系畢業，卻活躍在商場，曾任北京美國大星巴克咖啡董事長，以及漢鼎創投公司副董事長等職，是一位醫生轉商，很成功的經理人（註4）。

自從第九屆開始，董事會在遴選時，均會發函希望學校以及校友會推薦名單。其實董事會的董事們自身均有重要職務，他們單憑一股熱心腸，不支薪，只領取會議的出席費，大家一心來幫助北醫。因此，董事們也期待有學校以及校友的代表進入董事會，以瞭解董事會的運作。

如果以爾後吳成文任內第十二屆以及第十三屆的董事會成員觀察，可以發現，北醫的校友董事幾達董事會的半數。例如，第十二屆董事會，新增的董事中，校友有邱孝震、洪傳岳、張文昌；加上歷屆選出的校友董事洪奇昌、李祖德、葉純甫，北醫的校友已佔董事會的六位，這其中尚不包括與北醫有獨特淵源的徐明達教授，他是北醫創辦人之一徐千田的公子。所以，日後，在吳成文力圖幫助北醫革新之際，說董事會是外來政權，其實是子虛烏有，毫無根據的說法。

謝獻臣董事長辭世，董事長懸缺，為求董事會運作正常以及北醫校務穩定，必須盡快選出補任的董事長。

一段轉折，吳成文接任北醫董事長

政界的洪奇昌為第十屆進入董事會的董事，他有意為母校效力，特地來詢問吳成文。吳成文個人覺得洪奇昌是不錯的人選，第一，他在立法院非常活躍，又是北醫的校友，如果洪奇昌繼任，對北醫應有助力。

當時適逢政黨輪替，民進黨執政，新政府、新內閣，洪奇昌問政一向認真，又擔任過多屆立委，嫻習政務，因此他入閣的呼聲非常高。吳成文知道，這會是來自學界其他董事們的顧慮。

為了董事長的補任事宜，董事會還特別針對政教分野的議題召開了一次座談會，大家開誠布公地提出自己的意見。當時董事們已經知道洪奇昌委員有興趣角逐。

果不出吳成文所料，大家擔心還是學術與政治之間的分際，擔心若是洪奇昌入閣，北醫會掛上政治的標籤。因此，吳成文乾脆單刀直入地詢問與會的洪奇昌道：「如果將來您擔任董事長，但是新政府要求您入閣，這兩個角色若有衝突，您會期待自己的角色在學界還是政界？」

洪奇昌非常誠實地答覆：「在政界。」洪奇昌的答覆，是促動吳成文接替謝獻臣董事長的重要因素，因為，董事們認為，北醫目前才略為穩定，洪奇昌雖是很不錯的人選，唯他仍心繫政治，北醫必須找一位學術界的人，來幫助北醫紮根與成長。

這時，所有的董事，包括洪奇昌在內，一致對吳成文表示，大家是因為他的因素才進入董事會，現在北醫急需成長，董事會必須正常運作，所以，建議吳成文遞補謝董事長所餘的任期，不要讓大家群龍無首，影響到北醫的發展。

吳成文擔任國衛院院長的職務已經忙碌異常，何況他也擔心自己在國衛院的行政職，因有支持各醫學院及醫院研究的任務，再擔任北醫的董事長，恐有利益衝突之嫌，所以一再表示，不宜擔當這一個角色。不過，董事會的其他董事們均瞭解相關的法規，表示，北醫的董事會為無給職，並不支薪，吳成文擔任董事長在法律上絕對沒有問題。

就這樣，吳成文由於董事會全體的推薦與堅持，接替謝獻臣董事長的任期，擔任北醫的董事長。他本來只答應一年，後來就一再全票被選而連任，他上任的時間為二〇〇〇年六月三日。就任的那一天，吳成文想的第一件事情就是，如何讓北醫真的站起來，未來無論在校譽、學術、教育，以及醫療服務各方面，都是他對北醫的承諾與挑戰。

註釋

註1：有關北醫升格大學事宜，將在下文篇章詳述。

註2：有關謝獻臣董事長對北醫的貢獻，本書後文更詳。

註3：目前私立學校董事會已修正為任期四年。

註4：李祖德先生為現任北醫董事長。

4 慨接重責匡助升格

吳成文擔任北醫董事長的第一年，是遞補謝獻臣董事長的遺缺，當時，他原本計畫就任一年，接續謝獻臣的棒子，等待下一任董事長選出。

在北醫擔任了八年的董事，同時又與謝獻臣董事長時有互動，他對北醫的學務、所隱藏的問題，以及未來發展需突破的限制，已經有了輪廓。他很清楚，就任的第一件事情，為幫助北醫升格為醫學大學，他認為這是北醫脫胎換骨的第一步，北醫必須建立醫學大學的景觀以及胸襟，在學術上積極迎戰其他已經發展良好的私立醫學大學。

在北醫校務不穩，艱苦奮鬥的這七、八年，其實正是國內私立醫學院快速成長的階段。這些醫學院（後來均改制為大學），如有厚實企業財力背景的長庚醫學院、為宗教濟世情懷所成立的慈濟醫學院，或與北醫一樣頗有歷史的高雄醫學院、中國醫藥學院等，大家均勵精圖治的發展，無論是學術的提升精進，以及醫院的經營成長，無不跨步飛邁，未曾懈怠。

突破法規限制，升格成為大學

相較之下，北醫的發展就遲緩多了。吳成文認為不進則退，北醫經過長期內耗，即令問題無法一夕解決，學校的成長計畫不能牛步，北醫當時各個學院已經齊備，升格為大學的障礙在於法規上校地的限制。這一次吳成文自己親自出馬到教育部。

這也是已故謝獻臣董事長的心願，為了遷校事宜，他到處看地，但是因為牽涉的問題太廣，無論就合宜的地點、搬遷的龐大經費、重建校園的規劃，以及最敏感的原本校區是否應存留的考量等等，都一再牽制著最後的決定。

這時候，吳成文心中已經有所盤算，第一步就是前往教育部溝通。他對教育部言：有關校地的規定，所限制的不僅是北醫的發展，因為都會區的學院，本來就不容易有這麼大的校地，未來也會影響到所有具實力的都會型學校，其實，教育部應考慮將之修改。

這一段話，促使教育部成立委員會，討論大學校地多寡的問題，當時有許多大學以及學院的校長參加，北醫的董事之一，同時也是陽明醫學院校長的韓韶華亦是委員之一。會中韓校長極力爭取，與會的其他委員也認為，大學的重點在於學術的紮根與教育的提升，校地是重要條件，但不必然為必要門檻。

經過了委員多次的討論與會議，教育部從善如流，修改法規，二十五公頃的校地非必要條件。吳成文和委員們的積極作為，不僅鬆綁了北醫，其實嘉惠了更多學校。

二〇〇〇年九月八日，教育部核定北醫升格為「臺北醫學大學」，經過了多年的努力，北醫夢想成真，昂闊挑戰新的世紀。

期許北醫成為世界級大學

北醫升格大學的慶祝會上，吳成文對北醫有滿滿的祝福，這是他擔任董事長的第一件大事，他尚且激勵北醫的師生，他說：「期許北醫成為世界級一流的大學。」這一句話，對當時與會的北醫人來說，也許多數人的心中覺得可望而不可及，不過吳成文說這樣的話，卻有意圖，他希望無論過去北醫有甚麼風風雨雨，北醫人必須將之視為成長中的陣痛，也一定要往前跨步，心懷理想。

這才是一所大學的願景，也是北醫可以忘懷既往，飛躍成長的標竿。北醫應當改變了！說「理想」太「高標」，吳成文知道這是許多北醫人心中的問號，但是，他就是以這樣的標準，不斷地鞭策北醫進步。

遞補謝獻臣的任期一滿，吳成文於二〇〇一年七月全票當選第十二屆董事長。雖說，他原本只計畫替補謝董事長的遺缺一年，但是所有董事均希望以他學術的地位與嫻熟的行政專長，帶領北醫進入新紀元。那時，國衛院正在快速發展，吳成文其實已經分身乏術，但是想及所有董事們在北醫努力了這麼多年，總是希望北醫汰舊換新，終於首肯答應肩扛這一個不輕的擔子。

經過了這一年，吳成文對北醫的事務更加清楚，他知道北醫現下的問題，無論就財務、管理以及學術的提升，都需要一步一步的經營，以建立健全正確的制度。

不過，最重要的是思考北醫的永續發展，北醫應當立定在哪個堅實的基礎上，才能不動搖地跨步向前？吳成文為這件事思索經年，也是他為北醫擘劃的第一件重大決策。

策略性決斷，北醫在校本部發展

北醫過去的許多爭議，與遷校以及校地是否出售有關，吳成文認為這一件事情必須解決，才能夠讓北醫心無旁鶩的成長。

他在董事會中表示，過去北醫計畫遷校，在於希望升格為大學，現在北醫已經成為醫學大學，這一個理由已經去除。

「即使不談學校、醫院搬遷的財務問題，未來搬到新的地方，所有的社會網絡必須重新耕耘等等，也是長路迢迢。大家也許只專注到北醫的幅員有限會影響發展，卻沒有看到北醫位於信義計畫區的勝處。」吳成文接著分析說：「北醫在全國首善之區的最精華地段，這是其他學校所沒有的優異條件，所以，北醫的第一步是守住家園，在自己已有的校區內好好發展。」

他的裁決是，紮根經營校本部，不要在出售校地的議題上打轉。不賣地，也可避免所謂利益競爭的灰色地帶，斧底抽薪地解決羈絆北醫數十年的爭議。

吳成文再度闡釋：「守住校本部，不是限制北醫的發展，而是讓北醫專心致意地耕耘，未來北醫校本部壯大了，說不定還有機會及能力去設立分校、分院，這樣的發展更是寬闊。」一席話，讓大家對吳成文的識見大為讚服，於是，所有董事均贊成北醫不賣校地、不遷校，留在信義計畫區這一個全國的精華地段挑戰高峰。

這是一個非常重要的決定，也影響了北醫的發展計畫。

於今觀之，吳成文的遠見，為北醫穩定了江山，今日的北醫才可以「在地生根」，描繪出都會區精緻醫學大學的發展標的。吳成文擅長的是策略化思考，他是先抓出方向，再來解決北醫積纏與膠著的問題，是一種反向操作的智慧，如今回顧，不得不佩服他遠大的視野與精準的判斷力。

不意再度得罪地方政府

但吳成文這個決定，不但讓少數的舊董事以及校友不滿，不意又得罪了地方政府。

當時，有許多地方政府均歡迎北醫進駐當地，因為，一所醫學大學的進入，會帶來諸多的利益。在北醫還沒有確定不遷校之前，曾經對宜蘭縣政府所提供的某一個地塊感到興趣，宜蘭縣政府也積極爭取北醫遷入。然北醫最後決定先發展校本部，不做遷校的規劃，這一下，宜蘭縣政府生氣了！

地方政府當然無法對私立學校的北醫發難，但是，宜蘭的立委卻可以在國會的殿堂對國衛院「還以顏色」。這一些代表地方發展利益的委員到國衛院抗議，信誓旦旦要刪國衛院預算。國衛院成為北醫的擋箭牌，這是吳成文最無奈的地方，但是吳成文寧可自己去處理國衛院的預算問題，不曾把這壓力移轉到北醫。

必須找出經營的關隘

跨上北醫這一匹跛蹶蹄跚的馬，吳成文雄心萬丈將要策馬入林。現在，他已經把大方向落定下來，這一匹馬是否跑得到目標，就必須痛下鍼砭，問診投藥了！

北醫的財務不佳，其實是可以體諒的，因為它不像國立醫學院有政府固定的預算，或其他私立醫學院有財團的支持，或可以拿到大筆宗教情懷的捐款。

吳成文的第二步就是希望北醫自立更生，改善財務窘境。「當時，大家都認為我們異想天開。想想我們這一批人，既不是企業家，也沒有資財，一群學者，哪有能力幫北醫財務的忙？」吳成文說道；何況當時尚有財團覬覦，等著這一群董事無能為力之後，再進入董事會來掌控北醫，學人董事要變革，壓力重重。

吳成文雖然沒有企業經營的經驗，但是他認為所謂管理，就是建立制度以及抓出問題，積極地去面對它、解決它。這樣雙管齊下，北醫才有可能除舊佈新，逆增上揚進入新生的軌道。

北醫是私立學校，學生的學費以及教育部的補助款是無法損益平衡的，何況學校不是賺錢的機構，它的機能在教育，要讓北醫轉虧為盈，重點是醫院的經營。在健保實施的前幾年，其他醫院的營收遽增，奇怪的是，北醫卻沒有進入這一波的利潤高峰。這是吳成文時常思索與疑惑的地方。

北醫有一家附設醫院（以下簡稱附醫），但是附醫的經營一直沒有起色。一次，吳成文找來校長與附醫的潘憲院長，談及為何附醫持續虧損的原因。

潘院長表示，附醫的床數太少，只有三百多床，一般醫院要損益平衡以及略有盈餘，必須超過五百床才有可能，他建議，附醫必須著手規劃增建新大樓事宜（註1）。吳成文覺得這話不無道理，但是他想起了在一九九二年擔任附醫院長的陳守誠教授，在陳院長任內，附醫曾經轉虧為盈。然聽說與校長的理念不合，導致陳院長離職。

陳守誠院長的去職，當時在董事會中並無異議，在於董事們認為學校與醫院一切由校長負責，如果有意見的爭執，必須尊重校長，讓校長好做事。因此，即令陳守誠教授是一位經營醫院的好手，大家還是忍痛讓他離開。

這是吳成文對附醫曾經轉虧為盈的印象。假如這幾年附醫因床數的關係而虧損，但過去也曾在一樣的床數下，產生了些許盈餘，那麼床數的問題就不必然是一個充要的條件。吳成文認為必須抓出附醫虧損的真正因素，才可以進一步幫助北醫挺立茁壯。

敦請莊逸洲出馬問診

在董事會中，吳成文建議找一位嫻習醫院經營與財務規劃的專家，來附醫找出問題「對症下藥」。他建議的人選為國內公認的高手：莊逸洲（註2）。

莊逸洲在國內醫界被稱為傳奇的醫院經營天才，他非醫務管理科班背景，卻幫助長庚打造國內最大的醫療集團，讓長庚擁有兩萬多病床，其對醫院的績效管理以「醫術變算數」的概念，最具創造力與爭議性，但是長庚就在他的大刀闊斧下，隱然成為臺灣的醫療王國。

吳成文知道莊逸洲的長處在於財務的精算以及醫院制度的建立，在徵得所有董事的同意之後，他決定請莊逸洲來北醫擔任顧問，為附醫的經營提供慧見。莊逸洲欣然接受吳成文的邀請，進入北醫各個單位，想瞭解北醫的運作情形。有這麼一個高手幫忙，吳成文放心許多。

大約三個月後，吳成文接到莊逸洲一通電話，他邀請吳成文一起午餐，莊逸洲在電話中，並沒有詳述這一場餐會的目的。吳成文揣想，大概莊逸洲想提供有關如何經營北醫的意見吧！也是滿心期待地赴宴。

註釋

註1：潘憲院長任內已經為附醫第三醫療大樓增建事宜規劃詳細藍圖，同時拔擢北醫新秀，為附醫脫胎換骨建立第一個步驟，本書後文將補述。

註2：莊逸洲曾任長庚醫院決策委員會副主委，於二〇〇六年三月二十一日因病早逝，時年五十八。

5 改善財務缺失，建立新制

雖然已經是十多年前的對話，莊逸洲也英年早逝，但是吳成文記得莊逸洲的每一句話。

那一天與莊逸洲在來來飯店的桃山日本料理店一起午餐，吳成文等著莊逸洲開口，餐後，莊逸洲終於說出：「吳董事長，很抱歉，北醫的事情我做不下去了，因為有很多問題我不能再追究，再追下去，我連命都沒有了！」這一句話，相當嚴重。

吳成文沒有料到會是這麼棘手的情況，他總不能不顧慮到莊逸洲的感受，只得說：「那您把所查到的事情告訴我，也請您提供建議，看北醫要如何改善。」

其實，莊逸洲對吳成文說了甚麼，吳成文從來沒有對其他人提過，在於，一方面尊重莊逸洲，另一方面，這已是舊事，說之無益，重點是未來。

直搗財務積病，重新建立制度

他把莊逸洲的話放在心中，體諒著莊逸洲的疑懼以及所點出北醫的複雜狀況，吳成文也知道不能仰仗他人來解決北醫的困窘，只有自己上火線去面對。思索了一段時日，他終於找來校長以及醫院重要的一級主管，他非常誠摯地對大家說：「我請莊逸洲來看看我們的問題，我原本想透過他的專業提供意見，改善北醫的經營，但是莊逸洲表示他很難做，所以放棄了！」吳成文智慧地點出莊逸洲的顧慮，接著說：「我不是檢察官或警察，過去如何，我不追究，我希望從現在開始為北醫建立一個合理、合法的新制度，大家配合新的制度改善醫院的經營現狀，我也要求大家跟董事會配合。」

他的話說得懇切極了，他期待北醫所有重要的幹部聽得進這些話。

這件事情過後不久，例行董事會上，學校的會計師來匯報北醫的財務現況，以及提供會計上的專業建議。對吳成文來說，這是學校建立制度一個非常重要的關鍵，所以他非常關心，事先特別請會計師對學校和醫院的財物缺失，提出改善的建議，也非常專注地聆聽會計師的報告。

他記得會計師洋洋灑灑說地出學校以及醫院的缺失，無論就財務、人事、醫院經營等的瑕疵與問題，然後提出七大建議，希望學校改善。吳成文點頭認同，當場回應說：「謝謝會計師的詳細報告，你的評估非常好，現在我們依據會計師的專業意見，嚴格執行他的建議。」

沒想到吳成文的話才說完，會計師隨即站起來說：「不行，不行，北醫做不到。」這一句話，讓吳成文忍不住生起氣來說：「做不到，為甚麼提供這樣的建議？這不是做官樣文章，空口說白話嗎？既然這些文字都是白寫的，明年您不必管我們的賬了！」那一天吳成文真的動怒了，而他的裁示，更讓北醫所有參與董事會的一級主管訝然吃驚，他們沒有想到董事長會如此堅定的做下決斷。

這一個裁示，是吳成文撼動北醫過去財務積病的開始，那時，吳成文不知道他已踩上了一些人的禁地，莊逸洲不願意做的事情，他來做，其實等於把自己放在眾目睽睽的箭靶上。當然這是他事後回憶起北醫的故事時，才知道原來這是爾後自己被無的放矢攻擊的開始。

改善醫院不合理的藥價支出

要建立財務制度，就必須整頓與革新，吳成文既已決定盡全力把北醫救起來，當然不會半途而廢，何況他說：「我不是只把事情做一半的人。」於董事會中，他自醫院的財務報表，抓出了一件莊逸洲曾經提到的醫院經營成本的問題。

吳成文發現醫院的營運費用中，藥價的比重過高，將近四十五%，這是非常不合理的。他記得莊逸洲曾經提過，其他的醫院藥價比例在二十%~三十%左右，有一些醫院更低到十七%。如果其他的醫院藥價成本如此，那麼北醫如此高的比例，就不得不令人質疑。

吳成文擔任北醫董事長只是義務職，他每星期固定一個時間到北醫董事會辦公，許多重大的決定也是在董事會中與所有董事商議的共識。因此，他的決策，或是與學校、醫院的主管的會晤與溝通，都是透明的。

為了改善醫院藥價的問題，吳成文要求學校提出三年計畫，逐步回歸正常的比例。會中，吳成文再一次誠懇的說道：「我不是檢察官或警察，要來抓弊案或是揪出罪魁禍首，過去的事情已經過去，重要的是從現在開始一定要好好把財務的困窘改善過來。所以董事會要求校長及醫院負責規劃三年計畫，把藥價的比例從四十五％降到二十五％，我們逐年來做，以三年的時間調整。如果做不到，我和校長、醫院的重要幹部大家都負起責任一起下臺。」

就吳成文的觀點，三年的時間讓大家逐步修正、適應，這很合理，而且大家的衝擊也不會太大。「當時我沒有想到，自己已經踩到了地雷。」吳成文這麼說，原來這真是一個計算得出爆炸力的地雷。

舉例來說，若醫院的營運一年以六十億元計算，降低二十％，就是十二億元，吳成文一心為北醫建立制度，卻侵襲到原本某些藥學系校友藥商與醫院主管的共生利益結構，所以這一顆地雷的威力是以「億」的單位來計算的。

「那時只是想做事，根本沒有細想這麼多。」吳成文說著，日後，在他一連串改革北醫的舉措中，對他一波一波攻擊的，尚包括部分醫院主管與藥價利益有關的北醫校友們，其實與這一個決定有非常大的關連。

透過責任制度導正人事紛擾

另一件事情是有關北醫的人事經費。其實在謝獻臣董事長任內，學校與醫院逐年提報增加的員額規畫中，經常是超額任用的，董事會提出多次希望改善，校方卻不曾執行過。

吳成文的裁度非常簡單，他對大家說，北醫是校長制，也就是校長負全部的責任，無論是學校以及醫院，校長是大家的「頭」，假使董事會的決定無法執行，除非有正當的理由，校長要負全責。

說開了，這就是所謂的責任制，吳成文抓出了董事會與學校溝通的模式，以及建立了權責的分際。「董事會扮演最高的決策機構，重要是政策的釐定，制度的建立，以及未來發展的規劃。我在北醫擔任董事長時，董事會本身的預算一年只有兩百萬的事務費，董事會絕不插手醫院或是學校的財務，也不干涉學校或醫院的人事，這樣的決策也才會公正、超然。」吳成文接著分析：「責任的制度就是，我把北醫交給校長負總責，讓校長充分發揮，他可以任用自己的團隊，再分層負責。董事會像是開一個跑道，讓校長帶著他的部將，大家一起跑，大家一起負起該負的責任。」就是這一個觀念以及裁示，使北醫的人事與財務逐步上軌道。

健康檢查收歸醫院經營

吳成文下一個重要的決策為有關北醫所屬醫院健康檢查的營運。

一九九五年三月，臺灣實施全民健保，這個重大的決定，影響所及不僅是民眾的健康，更牽涉到醫院的經營，全民健保所變動的醫療生態非常之廣，尤其是大型醫院，為了提供更佳的醫療品質以及維持醫院運作，大家無不卯盡全力。

但是全民健保因為給付制度之故，這一塊醫療的大餅，有時無法支應日漸龐大的醫院營運，這時，健康檢查異軍突起，由於健檢是自費支出，成為醫院重要的財源支柱。

就醫學上來說，有病投醫治療是消極的作為。在沒有任何疾病徵兆時，做健康檢查以瞭解自己的身體狀態，積極預防疾病的發生，是醫學發展以及民眾醫學常識到某一個成熟階段時，社會的必然趨向。

這幾年，民眾漸漸瞭解健檢的重要，最主要的族群約在四、五十歲以上、重視健康以及有經濟能力的社會菁英。全民健保不支付健康檢查的費用，相對地也使健檢成為醫院重要的利潤來源，所以各家醫院無不盡全力來經營這一個重要的收益區塊。

奇怪的是，北醫所屬的醫院卻把健康檢查這一個醫院的金礦，外包給坊間的業者。吳成文曾經詢問道，醫院是否有「能力」以及「人力」自己來進行健康檢查的業務？醫院的主管告知，沒有問題。「但是，為何外包呢？」吳成文再一次詢問，校方表示，因為已經簽了合約，必須履行。

對吳成文來說，這是不成理由的理由。但當時他覺得，既然已經簽了合約，那麼等合約期滿再由醫院收回。

當合約期滿，董事會要求學校收回健康檢查業務，不再外包時，卻引起原外包廠商非常大的反彈。這一位承包商也是與學校有很深淵源的校友，他來校抗議，要求學校賠償，所持的理由是，為了承攬北醫健檢的業務，他們投資了極大的金額，其中包含昂貴的醫療器材，這一些都是損失，如果學校不善加處置，不排除採取強烈的手段。

吳成文知道廠商的心情，但他無法接受這樣的威脅。他的裁斷是，長痛不如短痛，既然健檢要收回來，無論是賠償或是承購儀器，只要合理都可以商量，這是對廠商的回應。但吳成文所想的還有更深一層，他希望未來到北醫所屬醫院健康檢查的民眾，可以享有更佳的醫療檢驗品質，昂貴與精準的儀器正是北醫所需。

費了一番周折，健檢業務終於回到醫院的「懷抱」。北醫這一個生態複雜的醫療體系，經過吳成文所領導的董事會一步一步革新，一步一步修復，逐漸踏上軌道。「北醫財務的更新是我任內非常大的挑戰，財務如同一個人身體的營養素，身體缺乏必要的營養，雖然可以生存，但是精神萎縮、欲振乏力，北醫就是如此，必須在財務的狀況改善後，才能進行下階段的規劃與發展。」

北醫菁英爭取萬芳醫院公辦民營案

說到醫院的經營情況，就不能不提北醫的一個重要成就，那即是萬芳醫院公辦民營的成功。萬芳醫院是謝獻臣董事長在任時所簽下的案件，也是臺北市政府首宗的公辦民營醫療機構。

一九九五年底，臺北市政府決定將已經落成多年但是一直閒置未用的萬芳醫院以公辦民營的方式，委託民間醫療機構來經營。當時這一個案件已經流標多次，但北醫卻相當積極，在董事會的支持下，北醫成立「萬芳工作小組」委員會，由胡俊弘校長擔任主委，附設醫院院長陳庵君，副院長邱文達、吳志雄、曾啟瑞等擔任副主任委員，極力爭取，終於在北醫鍥而不捨的努力下，取得北市政府的首宗醫院公辦民營案。

一九九六年七月，臺北市市長陳水扁與北醫董事長謝獻臣簽下萬芳醫院的九年經營合約。八月，北醫立刻成立萬芳醫院籌備處，由胡俊弘校長擔任主委，邱文達副院長擔任執行長，展開了挑燈夜戰，緊鑼密鼓的籌備工作。

「即令北醫在動盪時刻，它的軟實力還是在的。」吳成文說，那時北醫計畫爭取萬芳醫院時，董事會雖然有一點擔心，但覺得這是北醫一個非常重要的機會，將來有機會幫助北醫進入良性的循環，所以也大力支持。

這時候，未來北醫的領導人已經出列了，包括邱文達、吳志雄、曾啟瑞等人。吳成文觀察出北醫的秀異菁英，知道，將來的北醫需要這一批人才。其實，即連謝獻臣董事長亦是心知肚明優異人才的重要性，因為在萬芳醫院設立之際，他的一個重要裁示，也影響了未來的北醫。

6 經營萬芳醫院，出奇制勝

萬芳醫院位於臺北市文山區，為昔日「萬隆」與「芳川」兩個廢棄煤礦的廠址，臺北市政府興建醫院，為尊重地區耆老傳承，定名為萬芳。一九九五年萬芳醫院落成，卻閒置不用，由於醫院的硬體設備、軟體人才，以及龐大的開辦預算，市政府無法支應。

其實在北醫接掌萬芳之前，臺北市政府萬芳醫院的公辦民營採購案已經流標幾次，因為那時大家均不看好萬芳未來的經營。可是，北醫注意到了！

不過如果投標成功，接掌萬芳也是北醫一個非常大的賭注，當時北醫的財務狀況尚不穩定，萬芳雖說是北醫未來的機會，若經營不善，也有可能拖垮北醫，所以，在董事會討論時，董事們均非常細慎的評估所有的可能性。

當時的董事長為謝獻臣。徐明達董事還記得在董事會上建議，必須找一位熟習法律的專家提供權責的分野，因為董事會是需要負責任的，萬一未來萬芳的營運不如理想，董事們必須瞭解董事會責任的歸屬問題。沒想到徐明達一說完，謝董事長當場哭了起來。

吳成文回憶道，謝董事長是一位性情中人，有時一著急就淚如雨下，在於他認為這是北醫翻轉的機會，雖說行險，卻大有可為，也擔心董事們不支持，一急之下，居然哭了起來。

可以看得出來，那時董事們的審慎及破斧沉舟兩相交纏的考量。為了北醫的圖存，董事們的擔子真是不輕。當然於董事會中，萬芳醫院之議也是在所有董事們的支持下決定進行的。韓韶華校長還記得那時大家的共識：只要有機會得到銀行的融資，以及評估後對北醫未來發展有利，董事們一定放手，支持學校大步跨前。韓校長說：「那時，大家都拼了！不這麼做，北醫沒有機會。」

對如此願意扛責任卻無給職的董事會，的確應該按下一個「讚」。

董事會堅持邱文達擔任萬芳院長

北醫於一九九六年接手時，萬芳醫院猶如荒廢多年的粗胚建築，百廢待舉。籌備處篳路籃縷，一切從零肇始，從工程發包、儀器採買、制度建立、人員招募，以及最後執照的申請，無不讓籌備處所有的幹部廢寢忘食。令人驚豔的是，北醫人拿出最佳的團隊實力，在半年時間內完成了其他醫院至少要一年或一年半的籌備工作。

但於萬芳醫院開幕前，董事會發生了一件事，這件事的裁度，對萬芳未來的影響至鉅。

當時，胡俊弘校長希望兼任萬芳醫院院長，董事會卻以為不宜。董事會的考量是，第一，北醫的校務現在才逐漸穩定，新制度的執行需要校長的督行，責任重大；而萬芳是新醫院，必須耗費極大的精神心力來經營，校長兼任，將無法專注，董事會擔心會影響到學校的校務以及醫院的營運。

其二是必須儲備北醫未來的人才。吳成文說，學校是一個有機的生命體，人才會凋零老化，需要不斷培養及引進新人才，才能活化學校的能量，永續成長。在萬芳醫院籌備期間，董事會成員均看到了當時附醫副院長邱文達的幹才，萬芳醫院所有的軟、硬體執行事宜均出自他手，這時讓他來經營萬芳最適切不過。

因此當胡校長提出兼任萬芳醫院院長時，董事會並不認同。吳成文記得在董事會前，董事們與謝獻臣董事長對萬芳醫院院長事宜，有詳細的討論與共同的認知。而在會議上，只聽得校長說出，如果不讓他兼任萬芳醫院院長，他要辭去北醫的校長職務。校長的態度非常堅硬。

謝獻臣向來是一位禮貌與和緩的人，也從不給人當面難堪，但是那一天，只見謝董事長靜靜地望著校長說：「那您把辭呈遞上來好了！」一句話，讓校長以及大家啞然無聲。

吳成文說，這是他見到謝獻臣董事長為北醫事宜，所裁決最果斷、以及最堅定的一次。當然，謝獻臣董事長的裁示，包括吳成文在內的所有董事均非常贊同，為北醫的百年大計，也許讓校長的心裡不舒坦，但是，新一代的人才必須孕育。可以想見，這一個裁度影響了今日的北醫。

獨特人文關懷，病人為尊的理念

一九九七年二月十五日，萬芳醫院開幕，邱文達接下萬芳醫院院長一職。萬芳醫院的啟動，是北醫新發展的第一道里程碑。

吳成文說出萬芳對北醫的影響：「過去北醫只有附醫，床數少，也因為床數的因素，讓北醫的財務一直處於劣勢，何況為了教學，北醫的學生也需要有自己的實習醫院。萬芳雖是公辦民營，但簽約一次九年，這九年提供北醫一個快速爬升的機會，無論是對教學或是北醫的財務，都是正面的。」

萬芳的經營非常出色，它定位為社區醫院。文山區的人口結構多為軍公教，教育程度不弱，同時，社區的老人比例為全北市之冠。這一些人口結構特質，讓萬芳第一階段經營時，抓住了與其他醫院不同的營運理念與特色。

醫院的經營首重醫療水準以及服務態度，這是各家醫院的公約數，為大家皆然的軟體文化，萬芳醫院當然不能例外，但是如何規劃社區醫院經營的差異化競爭，建立除卻公約數之外的勝處，才是萬芳醫院異軍突起的主要挑戰。

萬芳醫院建立了一個殊異於傳統醫院情境的就醫氛圍。例如，它是第一家有系統地將優質的畫作引進醫院展覽，讓看病或是探病的民眾，於醫院中無論是等候，或是探訪時，領受不同的醫、病心情。這一個操作，其實是具有深度思量的。如果不是因為社區具知識水平的公職居民多，以藝術畫作引進醫院展覽，想要出奇制勝，未必能產生共鳴。但是萬芳醫院的創意卻對來訪的無論是病患或其家屬，提供耳目一新的觀感。現下，藝術創作者還不容易排上萬芳醫院的檔期，可以看出它的成功，以及在藝術界的風評了。

而「社區為重，病人為尊」的醫院經營理念，也讓萬芳所有的醫護人員，創造出殊異於他家醫院的就醫文化。萬芳的同仁讓來院的病人，尤其是上年紀的長者，感受到最貼心與方便的服務。踏入萬芳，耳聽大廳琴音悠揚，眼見志工熱情協助，櫃臺的同仁親切接待，進入動線後，尚可以欣賞牆上的畫作。這獨特的人文關懷，是萬芳以病人為尊的用心。

如此文化，將萬芳醫院的風格建立起來了。吳成文在董事會中觀察萬芳的成長，對它欣欣向榮的景觀，充滿了祝福以及期待。而他知道，這是因為萬芳在啟始就有一位幹練的院長，而這也是邱文達在北醫系統嶄露頭角的開始，奠定了之後他成為北醫領導人的機會。

成為北市標竿醫院，與市府續約成功

「萬芳醫院三年即達損益平衡，之後的經營模式，就更加開闊了。」吳成文說，萬芳醫院是社區醫院經營成功的典範，已成為臺北市的標竿醫院，它是政府公辦民營醫院案件第一個成功的案例，也因為經營出色，臺北市政府遇有國外相關團體參訪，均會安排到萬芳醫院觀摩，一個成功的社區醫院，一躍成為政府對外的宣傳門面。

成立不及六年，萬芳從地區醫院、地區教學、區域甲級教學醫院，一路挑戰卓越。而在吳成文擔任董事長之際，萬芳醫院有兩件重要的決策事項，他均親自參與，一是萬芳醫院與臺北市政府續約，二是萬芳醫院挺進醫學中心。

萬芳醫院的成功有目共睹，二〇〇三年，萬芳醫院必須與市政府對奕簽約事宜，如果依據原先萬芳團隊的估算，這一個續約案件應當沒有太多障礙，但是事實並不盡然。

吳成文回憶道，過去因無法預估成功及損益，流標多次，現在已有利潤，大家爭食，這是臺灣的「俗世」文化，必須面對。當萬芳醫院要跟臺北市政府商談續約之際，各方效應呈現，有市議員的關說動作、有其他具財力醫院集團的積極運作、有市府煩擾的程序要求，典型樹大招風動見觀瞻的後遺症；但是萬芳團隊逐一克服，秉持著積極的行政效率，與不畏困難的態度，北醫終於在二〇〇三年十月十日與臺北市政府續約成功。

這是萬芳七年後表現，這時它在臺北市政府所屬的醫院中，已經成為醫療品質與創造利潤的代名詞。不過，萬芳醫院的企圖心不僅於此，因為它最想達成的是成為醫學中心。

以社區醫院定位，從以發展社區營造關係開始，照顧民眾的健康，到期許自己成為全國的醫學中心，強化重症醫療及研究的能力，萬芳這一條路走得飛速，當然，這一個挑戰必須面對嚴格的檢驗。

吳成文親自參與，跨越醫學中心評鑑門檻

醫學中心的設立，無論就病床數、醫師與醫護人員的專業比重，醫師與教授的論文數，醫院的科別等，均有一致的規範與要求，在院長邱文達的帶領下，萬芳這幾年的醫療成績的確令人讚許。不過，以一個如此年輕的醫院，要挑戰醫學中心的門檻，也非易事。

萬芳有此雄心，身為董事長的吳成文自是大力支持，為了通過醫學中心的評鑑，當然是全院總動員。那一段時間大家如臨深淵，一起作戰，除了醫事人員，行政同仁也是卯足全力，往前疾衝，到醫院評鑑之際，連吳成文自己都親自出馬了。

不巧的是，吳成文那幾天重感冒，身體極為不適，這是萬芳披掛上陣的重要日子，他雖在家中休息，但隨時準備應戰。

當評鑑委員到院時，邱文達院長一身抖擻，引導委員們進入會議室，首先進行簡報，那一天上午，他鼓足了精力，希望帶領萬芳打這一場不容易的仗，各科別的醫師也在自己

的崗位上兢兢業業待命，大家摩拳擦掌，準備隨時依據委員的要求展現功力。

邱文達非常詳盡地說明萬芳這幾年的重大成績以及成為醫學中心的軟、硬體實力，但有些委員對萬芳醫院成為醫學中心的學術能量還是質疑。這時候，是吳成文必須親自上陣的時候了。

邱文達院長打電話給吳成文，希望他隨即出席，吳成文雖然身體不舒服全身虛軟，還有些許發熱，但立即到達會場，以乾澀沙啞的聲音，針對萬芳的成長，在會議中向委員們說明。

吳成文認為，任何一家醫院都可以挑到問題以及瑕疵，但是對萬芳來說，它更是不容易，因為它沒有自有的資源，幾乎一切從零開始，才幾年的時間，有這樣的成就，已經是奇蹟了。吳成文接著分析，如果把同樣的條件，放在其他不同的醫院體系，也未必能夠有萬芳今日的景觀，何況他家醫院組織的條件，無論就財力、或是歷史，絕對優於萬芳，這是委員們應當注意的地方。總之，萬芳醫院雖然資淺，卻已達醫學中心的水準。

創下紀錄，通過醫學中心評鑑

這一些話，精準地道出了萬芳醫院的軟實力。二〇〇四年八月一日，萬芳通過醫學中心評鑑，成為臺灣第九家醫學中心。一個社區醫院在短短八年，能夠成為醫學中心，在臺灣的醫學發展史上破了記錄，消息一出，北醫師生以及萬芳團隊歡欣異常，但是卻引來其他醫院非常大的反彈。

有一家為財團經營醫院，以及具有政治背景的院長前往衛生署抗議，表示，如果萬芳醫院可以獲致醫學中心的評等，其他醫院為何無法通過評鑑？他強力要求萬芳醫院重新評鑑。

這位院長在醫界非常資深，當時與政府高層的關係密切。吳成文聽到這個消息只是笑笑；想著，評鑑是檢驗合格與否的關卡，合格了當然無法撤銷，其他醫院應當積極去挑戰所謂合格的要求，而不是要求萬芳醫院重新評鑑；再說，不進則退，對任何一家醫院皆然，萬芳醫院成為醫學中心，未來需要接受更高的要求，醫學中心並不是一張永久有效的證書，具有資格與否，只是醫院挑戰的開始。

果不其然，負責評鑑事宜的醫策會拒絕重新評鑑，連衛生署也以為不宜，認為重新評鑑等於否認了當時評鑑委員的公正與專業，萬芳醫院評鑑所引發的爭議，自然落幕。

「北醫要長大，還真是不容易。」吳成文這麼說，無論就萬芳的創立以及通過醫學中心的過程，就可以看出沿途無數的路障與關隘，必須一件一件掃除，才能讓北醫走得穩健。

7 捍衛校長公開遴選

擔任北醫的董事長，吳成文一心為北醫建立新制度，無論是財務、人事、學術等，董事會秉持大原則，讓學校放手去做，不過問或干預行政細節，只要求學校依所建立的制度執行。

所謂依照制度運行，以人事制度言之，學校應建立公平、公正、公開的升等評鑑，每一年規劃出應有的員額，無論是新進或是舊退，一切依法進行，不得徇私。財務制度亦然，為根據學校與會計師財務計畫的年度目標，送達董事會通過之後，精確地落實。這樣學校的人事、財務，才能健全地運轉。

董事會的功能為根據學校所定的目標，監督其執行的績效。所以，吳成文所領導的董事會，在超然的基礎上，督促學校以合理、合法的制度，合宜地導入學校所有的事務。

臺灣的學術界有一個非常不正常的文化，就是黑函盛行，這種不當的行為，尤其在學校有高層的人事變動之際，更是猖獗。北醫當然不能避免，黑函信件於舊有董事會爭議之際，已經讓教育部頭疼不已，當新的董事會成立，謝獻臣擔任董事長時，也覺得不勝其擾，而在吳成文擔任董事長後，也時常接到匿名的黑函。

這一些黑色郵件五花八門，吳成文的原則是，只要是不具名，一概不予處理，全部丟到字紙簍中，但若是具名的信件，他一定請來校長，當面交給他，請校長務必在查明之後，向董事會報告處理的情形。

吳成文說，他不是要干預校長的裁度，因為這對董事會來說，既然有人具名寫信，董事會理應交由校方審慎處理，並且必須將處理結果告知投訴人，而非不聞不問。

這是他面對黑函以及具名信件的態度，可以看出，他希望北醫的所有事務均可以晾在陽光下，就如同他費盡心力建立北醫公開透明的制度一樣，吳成文期待清除北醫曾有的不良積習，建立一個清新與乾淨的學校氛圍。

依大學法精神進行校長評鑑

根據大學法的精神，校長任期期滿之前，必須進行評鑑，作為是否續任的根據。由於大學的教育以研究學術、培育人才、提升文化、服務社會，促進國家發展為宗旨（註1），而校長對內綜理校務，負校務發展之責，對外代表學校，功能與角色非常重要（註2）。

因為大學校長的職責功能特殊，政府規定，公立大學校長任期屆滿十個月前，必須由學校組成遴選委員會，公開徵求遴選。根據私立學校法規定，私立大學校長必須由學校法人遴選符合法律規定的資格者。而大學法也同時規範：私立大學校長由董事會組織校長遴選委員會遴選，經董事會圈選，報請教育部核准聘任之。

吳成文在中研院生醫所擔任所長時，引進了非常重要的學術評鑑制度，來評鑑研究人員的學術成績，以作為續聘、升等與否的標準，這是臺灣學術制度的開創，對臺灣學術發展影響至深。

爾後，此評鑑制度亦成為學術人必須進行的「品質」檢核。如果說，大學的教授需要評鑑，大學的校長一樣需要評鑑，因此，公私立大學校長在任期結束前一年到十個月，即開始進行評鑑。這一套制度免除了過去「萬年」教授、「萬年」校長的垢病，但只要是卓越的教授以及校長，卻無懼於評鑑，對他們來說，反而是正向的激勵。

當北醫校長任期將屆之際，理當進行評鑑，董事會認為這是北醫建立學術制度最重要的一環。但是，北醫從來沒有過嚴謹的校長評鑑，即使偶而行之，也流於形式，要推行這一個新制度，其實並不容易。

根據校長評鑑法規進行建議與投票

胡俊弘校長為創辦人胡水旺之子，回國擔任北醫校長之前，原為美國史丹佛大學副教授，以及醫學中心臨床皮膚科主任，他於一九九〇年接受董事會徵召回國出任第六任校長。一九九六年依大學法實施遴選校長，並於該年擔任北醫首任遴選校長。

北醫校長一任三年，以任期算，胡校長回國，自徵召以及遴選，已經擔任十二年計四任校長，但一直沒有適當的評鑑。吳成文與董事們均來自學界，自然認同評鑑的重要。於是董事會通過了校長的評鑑條例，確立校長的評鑑事宜。

其實，私校的最高決策單位為董事會，很多私校董事會都自行進行評鑑，來決定校長的續任與否。然吳成文卻認為應當成立校長評鑑委員會，邀請超然公正的學者、專家來進行北醫升格為大學之後，首次嚴謹的校長評鑑。

這次北醫校長的評鑑，所邀請的專家均為醫界重擘，他們都是主掌醫學院經驗豐碩的學者，有慈濟大學醫學院創院院長李明亮、成功大學醫學院創院院長黃崑巖、臺大醫學院院長謝博生、長庚大學副校長吳德朗、陽明大學醫學院院長張心湜等人，委員會的主委為陽明大學校長韓韶華董事，由評鑑委員會來審核校長的續聘事宜。

評鑑的過程吳成文從不過問，這是建立制度一個重要的關鍵，亦即相信公正與專業的審查。評鑑的結果出來了，委員的建議為：為了北醫未來的發展，建議更換校長。

雖有這樣的結果，吳成文認為這是北醫成立大學之後第一次校長評鑑，為求慎重，應再由董事會進行投票核定，來決定校長的續任事宜。投票的結果出爐了，董事們的建議仍是重新遴選校長。

「說實話，有這種結果，我的心情也很複雜。」吳成文說，胡校長在過去十二年中，對北醫有相當的貢獻，兩人在董事會中一向禮貌客氣，彼此互重互信。這是吳成文與其他董事們對校方以及校長所持的權責分際，更是吳成文建立公開、透明制度非常重要的理念與精神。

但是投票的結果無論如何，都必須告知校長，這一件事情當然得由吳成文知會。他請來胡校長，告知董事會投票的結果。胡校長聽了之後，反應非常強烈。因為北醫過去沒有進行過校長評鑑，吳成文可以理解胡校長的心情。不過，以董事長的職責，他還是要告訴校長，董事會將成立遴選委員會進行校長的遴選事宜。

期待建立校長公開遴選學術制度

這對北醫來說，是一個學習的歷程，對校長更是如此。吳成文念茲在茲除了穩定北醫的生機之外，還希望一路拔升北醫的學術地位，因為，這才是北醫未來永續發展的紮實根基。

胡校長接著問道，他可不可以參加遴選。吳成文回答，卸任校長參加遴選並非常規，不過他可以詢問董事會有關他的請求。於是吳成文在董事會會議時，將胡校長的要求告知與會的董事，由於校長遴選辦法中沒有明確規定卸任校長不得參與遴選，董事們經過討論，同意讓胡校長參與遴選。胡校長也堅定地表示，他要參與公開遴選，與其他候選人競爭。

北醫董事會根據大學法成立校長遴選委員會，委員包括學校校務會議推選的代表、校友代表則由校友會推薦，以及校外醫學界的專家學者與社會公正人士，成立的過程以及提交的委員名單，董事會並不干預。遴選委員會也正式對外公告北醫遴選校長事宜。

這是北醫二〇〇一年遴選校長的序幕。從北醫風雨飄搖，吳成文以及董事們一路幫助它進入制度化經營與提升教學品質，讓北醫逐次上軌道。但北醫昔常的文化無法一夕更除，尤其是震撼管理階層的校長遴選，是牽一髮而動全身的重大突破，北醫人過去不曾有如此制度化的運行與要求，如所預期，也產生了漣漪效應。

事後回溯，因著校長遴選所引發的種種是非，對吳成文來說，這不僅是漣漪效應，而是巨浪的侵襲了！現今，北醫校長遴選、任命事宜已經制度化與公開化，而這卻是吳成文幾乎以生命抵擋得來的結果（註3），其中包含著吳成文無畏的勇氣以及不退縮的堅持。

強調公開、公正、超然與合法的遴選過程

北醫選出的第七任校長為許重義教授，有許多人認為這是吳成文的「口袋」人選，其實並非如此。吳成文在北醫校長遴選的過程中，容受許多不合理的人身攻擊以及身涉險

地，這些事況外人難以得知，現在應是將這一段過程描述清楚的時刻了。

吳成文與許重義結識因著國衛院「院外研究業務處」的學術審查，許重義教授為學術評審委員會的委員，他時常撥冗回臺參與國衛院院外處徵求計畫的評審。爾後，國衛院「精神醫學與藥物濫用研究組」遴選組主任，許教授曾為遴選委員會的委員之一，與其他委員一樣幫助國衛院尋找適切的人才，但是國衛院這個組主任的職缺卻一直懸宕。

許教授專研腦中風，在美多年，他於聖路易市華盛頓大學醫學中心創辦邦恩腦中風中心，擔任主任一職，這個單位為全美最大的腦中風研究中心，其學術成績有目共睹。

國衛院遴選精神組組主任數度落空，因為許重義教授精於大腦研究，所以其他的委員認為許教授其實可以成為精神組組主任的候選人。那時，吳成文適巧到聖路易華盛頓大學進行學術演講，曾當面探詢他回國擔任國衛院精神組組主任的可能性。

但是許教授表示，如果以學術研究的環境言，美國的研究環境優於臺灣，要做研究他會選擇美國。於交談中，得知許教授曾經參與臺大醫學院院長的遴選，在第一輪遴選時，票數最高。這時吳成文才對許教授說，北醫正在遴選校長，如果他有興趣，或許可以參與遴選。

因為這一句話，許教授知道了北醫正在遴選校長，因而自薦參與北醫校長的遴選，並非是吳成文的推薦，因此當校長遴選過程中，有人攻擊許教授為吳成文「欽定」的人選，的確是毫無根據。

遴選的過程吳成文從不干預，他靜待遴選的結果。校長遴選委員會經過嚴謹的審查過程，最後向董事會建議兩個人選，一是北醫的現任校長胡俊弘，另一位即是許重義教授，兩個人選將提請董事會決定下一任的校長。

此時，北醫已經充斥著動盪的挑釁以及攻訐的黑函，所有的箭頭全數針對吳成文以及他所帶領的董事會。

先說遴選委員會，吳成文期待建立公開、超然的遴選過程，即令私校的遴選委員可由董事會指派，但是吳成文還是堅持學校以及校友會必須推選出代表參與，完全依據大學法的精神，因此在公正、公開、超然中，他還強調合法。

爾後針對遴選委員會的推薦人選，吳成文一樣要求兩位候選人必須到董事會報告治校理念，以及對北醫未來發展的宏圖理想。其實除了治校理念外，在於當時北醫的財務狀況雖言漸漸好轉，仍還有許多亟待改善的空間，這才是兩位候選人拿出實力競爭的時候。

為維護北醫學術形象，不做回應

在校長選舉的最後過程，北醫的某些校友對吳成文非常不友善，其中一項奇特的攻擊訴求為，難道北醫沒有人才？董事長吳成文來自臺大，連候選人之一的許重義也是臺大畢業，他們說，臺大意圖併吞北醫，居心叵測。

那時，有部分校友希望私下與吳成文會面試圖施加壓力，吳成文一概的回應是，於選舉結果尚未確認之際，身為董事長，他均不宜與任何一方私下會晤，這是為了選舉的超然與公正，必須謹守的分際。因此，他表示，一切待校長的選舉結束之後，一定會親自邀請北醫校友公開說明選舉過程。

某些校友對這樣的回答非常不悅，於是，各種動作頻頻，有黑函、有大字報、有不具名的校訊等，還有一份校訊中的標題寫著：「臺灣有一個外來政權蔣介石，北醫有一個外來政權吳成文」。

吳成文沒有任何回應與動搖，他認為學術的事務必須以學術解決，不應做任何的政治操作，學術的價值在於卓越與超然，尤其是大學，還要擔負教育的重責大任。北醫某些校友如此的動作，在他認為反而給在學的學弟妹們一個非常不佳的負面教育，但是當下他不能說任何話，以免惡化事況，有損北醫的學術形象。

吳成文期待北醫透過這一場校長的遴選，學習一個學術機構應具備的基本精神：公平的競爭、公開的辯論、公正的過程，北醫也應當藉助這個機會長大、成熟。

這一些以吳成文為箭靶的校友們，動作一個接著一個，讓這一場校長的選舉，充滿著意外的煙硝。

註釋

註1：大學法第一條。

註2：大學法第八條。

註3：文後述。

8 耿正不懼黑風陰雨

董事會在選舉前邀請兩位候選人到會，說明其治校理念以及對北醫未來發展的規劃。許重義教授在美，於董事會投票前，特地安排時間回臺到北醫的董事會報告他的計畫；胡俊弘校長則是董事會投票當日，在董事會中說明他的構想。兩位候選人同時接受董事們的詢問，所有董事們均非常慎重，大家都知道，這是北醫創校以來最大的事情之一，也是樹立學術模範的開始。

董事會投票當日，只有一位董事在美不及趕回，其餘董事均在場。那一日參與會議列席聆聽胡校長報告的尚包括北醫的校友會代表，吳成文記憶所及有：北醫總會校友、醫學系校友、牙醫系校友、公衛系校友，以及醫技系校友等。

那一天，有許多校友代表希望單獨與吳成文見面，但是吳成文依舊堅持在投票結束之後，方與大家會面，這是為了維持選舉的公正與超然。投票進行前，依據法規，必須請列席人員離場，讓董事們進行討論與投票。

聆聽兩位候選人的說明之後，吳成文覺得兩位候選人各有所長，胡校長對北醫的事務非常熟稔，同時又是北醫創辦人之子，與北醫素有淵源，他的親和力強，與學生的互動極佳。許教授則對北醫的未來充滿理想以及規劃出詳盡的治校理念，尤其是財務的規劃，至為周詳，他期許為北醫帶來國外一流大學的新風氣。

排除無關議題，確立投票原則

吳成文是主席，在投票前力求公允，不說出自己的觀點，但是他必須確立出投票的原則。他說：這次是一個非常重要的選舉，請各位董事深思熟慮，投出心中認為最合適的人選。一人一票，如果兩位候選人得票相同，再投一次；第二次若依舊同票，仍須再投一次；但如果三次都同票而無法選出校長，就必須重新遴選。投票的原則簡單而清楚。

這時，一位校友董事舉手說，有一位候選人的操守有問題。吳成文回說，有沒有證據？如果沒有證據，不應在此討論，今天不談跟校長選舉無關的事項，避免造成無謂的傷害。吳成文將這一件事情排除出選舉投票的議題。

這時，其他董事各自發言，他們各有不同的想法。例如，有位董事認為北醫人治理北醫人，將能穩住北醫校友以及學生的心，在於北醫好不容易漸次穩定，為了這一次選舉，學校已經發生些許動盪，尤其是不實的黑函，讓董事會以及董事長蒙受不公非論，他希望這無謂的騷動到此為止，以幫助北醫往前走。

但也有董事認為，北醫要進步，一定要切除過往的包袱，尤其在學術這個區塊，醫學教育學術的競爭壓力大，原地踏步即是退步，北醫這一次選校長要考慮長治久安，也要突破現狀提升進步。

董事們各自發言，吳成文不做任何回應，希望讓大家獨立判斷。待大家發言結束，中場休息十分鐘再投票，這也是大家做最後決定的時候。

投票的時間為下午六點，經過了董事們的發言與討論，投票的過程平順，票開出來之後，許重義教授出線，為北醫下一任校長，董事會隨即發佈消息。這時，要與吳成文會面的校友蜂擁而至，吳成文依照許諾，邀請大家進入辦公室，當面與校友們會晤。

一位藥學系校友強烈反應

吳成文對校友代表說明這一次選校長的經過，以及董事會希望為北醫建立制度的初衷，同時，將所有的過程全盤解釋清楚，校友們若有問題他當知無不言。之後，吳成文逐一對大家言道：對他個人以及其他董事們來說，最大的期待是選出優秀的校長，來帶領北醫發展，所有的過程合法、公開，也為北醫創造了一個新的學術模範。

於是，吳成文將這一次校長選舉的過程，從遴選委員會的組成到建議兩位候選人，以及董事會的投票，一件一件詳述。他說，遴選委員會建議的名單提交到董事會，已經經過審慎的考慮，董事會則以北醫的發展為考量。這一次的選舉，沒有人向董事會拜票或遊說，而遠在美國的許教授與董事們更沒有深刻的淵源，他會出線，表示出董事會的選舉沒有徇私，這是北醫一個非常驕傲的標竿，也是樹立乾淨、公正典範的開始。

這一席話，讓來訪的校友們滿意的離開了。不過吳成文知道，在校長遴選過程中，北醫的某些藥學系校友頻頻對董事會以及他個人發出不滿的信函，當時，吳成文也允諾在選舉結束後，與這些校友會晤。而當其他的校友代表離去之後，他獨自一人在辦公室等候，卻不見該位藥學系的校友代表，一直枯候到夜間九點。

已經入夜許久，吳成文讓董事會的工作同仁下樓去請藥學系校友，但是他們拒絕到董事會，其中一位張姓校友還要同仁帶話來說，他不上來，大家等著瞧，他們要抗爭到底。他還說：大家當年做群眾運動慣了，這種陣仗不算甚麼！

這是校長選舉完當夜的一個煙幕，不是過往北醫舊董事會內的爭鬥，而是學校外圍環流的暴風圈。吳成文說，這是一場沒有預料到的亂流，當時，他以及董事們希望為北醫建立一套超然、公開的學術制度，沒有想到北醫這個生態圈如此繁複，北醫數十年衍生的環境，除了學校自身，還有學校內外的糾葛與牽連。

他總想自己不為私利、不畏權勢，希望因著醫界的職責，為北醫建立一個值得驕傲的典範。不過，這一份苦心，卻因為撼動了北醫過去的文化、人際關係、以及往來互動的商業行為，得罪了諸多人，此種學術之外的操作，是吳成文不願為，也不會做的事情。而這一個煙幕，後來卻一直延燒到國衛院，甚而教育部、監察院，以及立法院的議場運作。

一個大學校長的選舉，卻需要以政治的方式或所謂的群眾運動來彰顯，進而運作到與學術無關的中央級民意代表，這是吳成文最感遺憾的地方。當年如果不是他堅強的信念以及自己不畏不縮的磊落心境，這些不應當以及不光明的行為，吳成文是不必容受的。

以「訃文」抗議的不理性行為

其實，從校長遴選開始，北醫的網站以及校訊等可以用到的資訊管道，已經黑函滿天飛，這一些文字不外乎許重義教授為吳成文口袋人選、或是外校要來併吞北醫、或是董事會黑箱操作等。而至選舉結束，吳成文一一與校友會溝通，多數的校友均瞭解了董事會的過程，以及全然無私與合法的程序。某些藥學系和其他少數的校友卻拒絕與吳成文溝通。之後，有一連串的動作，完全是脫離學術，成為坊間政治文化的翻版。

「校長選舉完後，一直到教育部的公文未回覆北醫董事會之前，是一連串動作頻出的高峰，那時，還驚動到我高齡接近一百歲的老母親。」吳成文說道。

故事是這樣的：北醫藥學系畢業的校友在校友會中組織了一群人，到國衛院門前抬棺、演行動劇，向吳成文抗議，但是當日他在南部開會人不在國衛院，於是抗議的人提交一份抗議書，要國衛院的同事轉給院長。吳成文回來後，打開抗議書，居然是一張「訃文」，斗大的字寫著：「希望吳成文早死」。

吳成文不瞭解當日所謂抗爭的活動如何，他只知道，回家時，老母親坐在沙發上，關心地問著：聽說有人抬棺去國衛院抗議你當北醫的董事長，還上電視。老母親不是很明瞭北醫校長的遴選事宜，所陳述的疑問無法詳盡。不等吳成文回答，老母親又說：你一個月到底拿北醫多少錢？

吳成文說，這是幫教育部以及北醫的忙，董事長是無薪職，只有開會少許的出席費。老媽媽一聽，馬上說：那你去做甚麼？沒有薪水，還讓人咒詛抬棺抗議，趕快辭掉，不要做了！

老母親一向與吳成文最親，老人家當然不知道他擔任北醫董事長的始末，以及為何會發生這種母親認為最忌諱以及得不償失的事情，吳成文也無法對媽媽說清楚講明白，所以，只是安慰老母親說：您放心，不會有事的！

在那時候，有許多吳成文的同事、親友，都覺得吳成文國衛院的院務已經如此忙碌不堪，他幫北醫已經夠多了，還要遭受這種無情以及不合理的攻擊，真是不值，大家都覺得吳成文不必要將北醫的重擔扛在肩上。

只想為北醫立下學術典範

吳成文日後回思，覺得自己所以能一路支撐的原因，在於他做事不曾半途而廢，他覺得北醫那時才是真的開始，要幫助北醫，若是在緊要關頭放棄了，等於把北醫這個新生的嬰兒丟棄了，枉費過去無論是謝獻臣董事長，以及所有董事們的心血；畢竟北醫還沒有長大，北醫必須學習一個學術機構應有的能力、操守、理想，以及學術風範；他知道，自己也只能陪北醫一段，但不是在這個時候打退堂鼓。

「我知道，有人會以為我戀棧北醫董事長的職位，其實真是荒謬。我是一位科學人，一生與學術為伍，北醫的職銜在我的履歷上，多了它或是少了它，既無增我的學術成績，也無損我的社會地位，我只希望為北醫創造新的學術制度，幫助它站起來，如此爾爾！」

吳成文的「如此爾爾」，其實不是爾爾，因為，前述只是風雨來襲的先兆。他沒想到，某些校友把校長選舉當成一場權益戰爭，必須爭奪出贏面，這其中充滿著不理性以及抹黑的行為。吳成文擔心的是北醫的學術形象，而抗議者擔心的是誰當校長，以及背後所牽帶的利益，這中間的差距，的確不是爾爾可以帶過。也所以，一連串不應發生的事故，一幕一幕的拉開……

9 義所當為忍辱負重

說起北醫的事件還引燒到立法院，多數人不會相信，因為北醫是一所私立醫學大學，只要學校最高決策單位董事會合法運作，中央級的民意代表也無法插手北醫的事宜。這是想當然耳的想法。

吳成文當時身為國衛院院長，肩扛國衛院所有學術事務的重責大任，而國衛院的預算來自政府，必須接受中央民意機構的監督，以及審核其年度預算。反對這一次校長選舉結果的校友，把矛頭伸向國衛院，因為他們知道要打擊吳成文，國衛院是一個重要的箭靶。

這其中他們如何跟有交誼或是認識的立委互動、溝通，吳成文自然不知道，所呈現的結果是一連串的不合理、不理性的反撲，讓國衛院蒙受無妄之災。

舉辦公聽會，以刪除國衛院預算為手段

一位北醫校友的林姓立法委員，特地為北醫校長選舉事宜，在立法院召開公聽會，邀

請吳成文參加。不巧的是，吳成文那日重感冒，住進醫院接受治療，無法參加公聽會，他請另一位董事韓韶華校長代表他參加。

韓校長在公聽會中力陳這一次選舉過程完全合法，毫無瑕疵，也讓與會的其他民意代表，以及主持的林委員知道了所有細節。韓校長與林委員有一段精彩對話闡述董事會的立場，這是韓校長在事過境遷之後的回述：

林委員說，北醫是私人捐財成立的，必須要尊重捐資人。韓校長回答說，北醫是私人捐財成立的，的確不錯，但是捐資成立學校就不再屬於個人的，北醫不屬於哪一位捐資人或是哪一位董事長，北醫是教育機構，教育機構屬於社會，是社會與國家的資產，不可當作私人財產，而是社會的公共財。韓校長的話說得非常清楚，讓這位民意代表啞口不語，公聽會無波落幕。

公聽會沒有爭議了，演變的效應是林委員在立法院議場中批評國衛院執行不力，要刪除國衛院一半的預算。刪除政府機構的預算一向是立委的殺手鐧，這是每年政府機構與國會溝通的最大難關。

要刪除國衛院一半的預算，是一件非常重大的事情，將影響及國衛院的學術研究。吳成文特地在國衛院國會聯絡人的陪同下到立法院拜會林委員，時間是安排出來了，在吳成文踏進辦公室之際，只見林委員倨藐地說，「我這個辦公室不歡迎你」，態度非常無禮傲慢。吳成文聽了他的話，只是搖頭。

我國的國會議場一直有著奇怪的生態，在議場中，委員獨大，開會時，委員可以三三兩兩的遲到，政府官員卻必須準時在席。吳成文記得在一次會議中，有位科技政務委員因為臨急無法趕到，被某立委要求一定要出席，待這位政委進入委員會的會議室，立委已經準備好一把椅子，放在會議桌前，要求這位政委當場面對著立委「罰坐」。這種議場文化，看得出有些委員不尊重政務官的無理態度。

吳成文是一個義所當為的人，一般人難以接受的委屈，為了理念，能夠忍受旁人難以承受的言語、甚而行為的攻擊。但是為了國衛院的預算，他依舊要尋求解套的助力。

立法院院長王金平在國衛院蘊生之際，一路支持國衛院的成立，他瞭解國衛院的重要，也非常尊重吳成文。吳成文為了國衛院的預算，又前往拜會王金平院長。但是這一次，吳成文覺得王院長的態度不若過去，似乎是有話在心，好在王金平院長終於說出了他的疑問：「吳院長，您怎麼會去得罪林委員的？」吳成文自認沒有得罪過林委員，唯一的事情就是因為北醫校長選舉的公聽會。

從王金平院長那裡才知道原來在公聽會時，林委員送花到臺大醫院慰問住院的吳成文，卻被退回而相當不悅，他認為吳成文故意以住院為由，不出席公聽會。只是吳成文住的是萬芳醫院並非臺大醫院，他卻不察而遷怒。

送花事件讓林委員認定吳成文故意藐視他，這位北醫校友立委似乎意猶未盡，一定要追打到底。吳成文將經過和盤對王金平院長說明之後，說道：「我只是為政府做事，希望北醫上軌道，為醫界樹立一個模範，我無迄無求。」

國衛院成為北醫校長選舉的代罪羔羊

吳成文說，沒想到北醫校長的選舉如此複雜，除了某些校友之外，是否還有其他人介入立委的運作，他並不清楚，但是，又有一位來自地方的鄭姓立委將箭頭指向國衛院。

那時刻，正是藍綠惡鬥的時期，雖然二〇〇〇年陳水扁當選總統，民進黨在立法院的席次卻不足，造成朝小野大的態勢，藍綠纏鬥不休。這時立院又有一新增的黨派，為與國民黨決裂的親民黨，於是藍色、綠色加上橘色，引爆議場空前的紊亂混雜。這一段時間，也是吳成文為捍衛國衛院預算最辛苦的時候。

其實，國衛院的預算罩門來自北醫，也許多數人認為既然北醫的事況如此複雜，寧可知難而退，不必去遭惹這個盲目的地雷。然吳成文卻不這麼認為。當年毛高文希望他幫忙的第一句話就是：「成文，你們醫界為何這麼複雜」？這一句話他謹記在心，因為，他來自醫界。

他也記得回臺設立生醫所及國衛院之際，一位我國知名的科學家說：「成文，要整合臺灣的醫界不容易，榮總與臺大的距離，比海峽兩岸還遠。」但是在生醫所尤其是國衛院設立之後，因為大家齊心努力，以及國衛院不斷以各種資源與計畫鼓勵醫界合作，已經讓這一個藩籬逐漸消除。

只要有理想、有目標，就值得堅持、就可以達成願景，這時若是半途退卻，不正是讓無風興浪的人認定北醫董事會此次選舉真的有瑕疵嗎？吳成文心中如此思索著。

他自己一向不混雜國衛院與北醫的事宜，但是，針對北醫事件的委員卻不做此想，他們的砲火對準國衛院，也認為這是最有用的一招。

鄭委員曾經擔任過縣轄市長，後加入親民黨，當選立委。他在審查國衛院預算時，拿出一個國衛院研究檳榔致癌的研究計畫，當庭說，這個研究計畫執行不力。吳成文想解釋說明研究計畫，鄭委員阻止其發言，還表示一定要砍國衛院的預算。後來聽說鄭委員在南部開發檳榔，與利益不脫關係，事實上他的目的是要藉機打擊國衛院檳榔致癌的研究計畫。

之後，鄭委員又召開一次記者會，說國衛院院長黑箱作業，不過現場因為對吳成文的指控不甚清楚，立院的記者也多數知道國衛院的研究業務，所以記者會草草結束，當日的電子媒體以及隔日的新聞均無披露。開記者會就是希望見報、上螢幕、曝光，不見媒體報導這一件事，當然又惹惱了立委。

說黑箱作業更是一個子虛烏有的罪責，吳成文在議場交涉多年，知道唯一的管道就是溝通，不過屢次不得法，因為鄭委員的姿態極高。這時，國衛院的某位科學家與親民黨主席宋楚瑜相熟，特地去向宋楚瑜說明，期待宋楚瑜能幫助解釋清楚。

這段時間，為了國衛院的預算事宜，吳成文還是風塵僕僕往議場拜會、說明。一次在立法院附近遇見鄭委員，他看見吳成文，劈頭就說：「昨天宋主席打電話給我，你現在跟誰說都沒用！」他的態度非常強硬。吳成文沒有多說甚麼，他只想知道為何委員的態度如此囂張跋扈。

無法交集的需求與對話

那時候臺灣的政治風向正處於詭譎莫測的階段，宋楚瑜部署選總統，而藍色與橘色合作的態勢尚未明朗。親民黨當時雖有一些民意代表，但是與國民黨的某些版圖重疊。選舉在臺灣其實是一場椿腳爭奪戰，宋楚瑜要問鼎總統，以民意代表的心態言，是你需要我地方力量的時候，姿態當然就高了，即便是黨主席的說明，也未必要理會。

北醫董事會的董事們也知道，國衛院因為北醫之故，遭到立委無謂詰難的情事，而此事的起因是鄭姓立委受到某些北醫校友請託之故。當時為北醫董事的李祖德，得知牙醫理事會的理事長為北醫校友，與鄭委員相熟，過去也曾捐贈選舉經費給鄭委員。這一位校友聽得李祖德陳述因北醫校長選舉在立法院所衍發的事件後，非常熱心主動向鄭委員說明，帶回來的消息是，要吳成文去見他。吳成文當然不會拒絕跟立委互動的機會，依約前往。

鄭委員一見面就對吳成文說：「你這個人看起來很好嘛！怎麼……會變成這樣？」吳成文不懂他的意思，只能向他解釋道：「我只是替國家做事。」委員又問：「財團法人有沒有地方建設費來支持選舉？」話說得非常明白，吳成文回答：「沒有，我們學術機構很難做這種事情。」只見鄭委員不可置信的說：「我做過地方首長，這種預算我很清楚。」更沒料到的是，不久之後，吳成文接到鄭委員的一紙聘書，聘他為立委選舉總部的顧問。

這一場溝通彈出了休止符，雙方確定沒有交集。但是立法院的兵鼓並未偃息，依舊綿燒不止。

立院三黨劍拔弩張的時候，有許多議事是癱瘓膠著的，政府預算沒過，法案難以議決，一關拖過一關，常常到會期將要結束的前一、兩週，透過朝野協商來包裹表決。這時刻的立法院簡直像是菜市場，是場內、場外一團亂，大家都在備戰。

國衛院過去的預算一向沒有爭議，這一次卻成為委員辯論的焦點。原本在第一次朝野協商時，因為其他委員的支持，國衛院的預算不刪除。但是第二次朝野協商之際，北醫校友的林姓委員代表國民黨出席，他在會中堅持刪除國衛院一億的預算，雖然當時在場有他位委員緩頰，但是林委員非常堅持，他不惜阻止其他預算協商的結果，這種強硬作法，讓與會的委員無奈，為求大家預算儘速通過，只得犧牲了國衛院。

教育體制陷溺，國家社會同受傷

這的確是因為北醫事件所引燃的災殃。吳成文不是輕易放手的人，雖說在朝野協商之際，國衛院預算被刪了一億，他為了國衛院的預算，還是不斷去與其他委員以及立法院院長王金平溝通、說明，希望竭盡最大的努力挽回國衛院的預算。

這是最不容易的關卡，通常朝野協商的決定，將是包裹表決的基礎，吳成文不眠不休地拜會，終於在包裹表決前扳回一些。不過，國衛院當年的預算還是被刪了數千萬元。

很難想像，一場北醫校長合法、公開的選舉，可以動用到國家的資源，甚至波及與這一件事情無關的國衛院，把學術、教育與政治的操弄綁在一塊，讓吳成文這位名重國際的科學家，為了政治的運作與杯葛如此奔勞。議場的生態如此，以吳成文的觀點言，受傷的其實是國家的學術發展與競爭力。

「一個良善健全學校的制度，不在建立誰是掌權者，而是誰當服務者，尤其是大學的教育，在培育國家未來的人才。我國醫學教育因為所吸收的都是青年菁英，這一群莘莘學子，在生命科技世代，角色更為重要。北醫的歷史曾陷落過，這對學校不好、對學生不好，也會損傷國家的教育體制。」吳成文對立委連串動作道出回應。

不過，北醫少數校友，甚或是北醫少數人為了校長職位的挑釁事宜，不曾因為立法院會期結束而偃旗息鼓。就如同他們說的：大家當年搞群眾運動慣了，這種陣仗不算甚麼！真是和璧無罪，懷璧其罪。吳成文雖然誠摯無偽，他人卻是有心興浪。

10 跨海溝通化解爭議

校長選舉過後，北醫的官網每日均有勁爆的消息，所有的尖銳攻擊都指向吳成文，說吳成文要併吞北醫，心懷不軌。也有人到學校門口發傳單，一張一張均是不實的控訴，不外乎董事會黑箱作業，要把北醫人趕下臺。這些文件、資料，網站的消息，全部使用學校的資源，既不應當，也違校務中立的原則。

事後回想，吳成文逐漸意會，他對北醫的改革不只因為建立制度而撼動曾經牢不可破的文化所引來的反撲，可能還有他不甚瞭解的過往，但是他認為自己不是警察或是檢察官，過去的北醫如何，他不在意，他關心的是北醫的未來。

只不過這一股力量從大學的校園伸到立法院，眼見立法院的騷動止息，又把這無的放矢的火燒過太平洋，連在美國的北醫校友會也捲入這一場混仗。

吳成文接到美國北醫校友的信件，他們群情激憤，認為應當由北醫人來治理北醫，外來「勢力」的「魔爪」已經侵入北醫，北醫人一定要團結抵抗。他們還要求吳成文到美國說明清楚。這是一個非常嚴厲的指控，而對方要求他去美國當眾說明，吳成文認為如果不予理會，隔著大洋，雙方的疑忌將會更深，未來的誤解會愈演愈烈，所以決定前往。

他的決定讓其他的董事們擔心，校友董事李祖德覺得身為校友，對北醫人心情較為瞭解，也不願意吳成文隻身赴美，身涉險地，所以陪同吳成文前往。這時，其他董事才稍微放心，不過大家覺得吳成文的承擔真是太大了！

海外校友會配槍幹員維持秩序

在還沒有到美國洛杉磯與北醫校友會晤前，吳成文不覺得事態如此嚴重，一到美國，就有消息傳來，美國的北醫校友會一向不合，常為了會務的小事爭奪不讓，而這一次校友會的會場，還會有人配槍。

李祖德獲知消息，告訴他務必小心，吳成文認為既然來了，就要解決問題。這一場校長選舉的爭端已如野火燎原一樣，他無法找出起火點，但可以疏通大家的疑慮。所以，依舊心神篤定的去了現場。

他與李祖德走進餐廳的會場，只見現場一片人群，估算有一、兩百人之譜，有人爭奪麥克風搶著說話，吳成文坐在第一排，看見一位黑人配著槍直挺挺地站在臺前。他隱約得知的訊息是，北醫在美的校友會常為了會長的選舉鬧意見，因著北醫校長選舉事件，大家又引發爭端，有人支持胡校長，另一邊的人反對，在他沒來之前，已經鬧得不可開交。

這一次，其中的一方為了制敵機先，請了配槍的幹員來維持秩序，但此舉讓現場的氣氛更劍拔弩張，大家爭執不休，抓住麥克風的人就是不放，而這位幹員如此虎視眈眈，也使大家疑懼不安。

吳成文聽得校友們的爭論均不是什麼大事，就是你不讓我，我也頂回去的爭個不停。他一句話都不說，靜靜坐在第一排，直到大家見他默然無言，發現今天的議題是校長的選舉，霎時啞然，也安靜下來。

終於是吳成文上去說話的時候了。他才一上臺，其中一位校友就站起來抗議：「今天是校友會，為甚麼有人配槍站在那裡？」吳成文回答說：「對！校友會是大家聯絡感情的地方，不需要帶槍。」說完，吳成文請配槍的幹員出會場，好讓會議順利進行。

說明一切合法過程，化解爭議

校友們見他處事明斷，無懼無畏的神情，逐一安靜下來，但要求吳成文把這一次校長選舉的所有過程解說清楚。吳成文仔細與詳盡說出所有的經過，從評鑑委員會的建議，到遴選委員會依法成立公開遴選校長，直至董事會的投票選舉，一件一件沒有隱瞞，攤開說明。之後，開放校友詢問問題。

北醫校長的選舉過程全部合法透明，絕無徇私與所謂的黑箱情事。校友們聆聽之後，並不覺得選舉的過程如同他們聽聞的烏賊作業，他們瞭解校長的選舉全然合法，也認同董事會建立制度的苦心，接下來所詢問的問題就如：「董事長不尊敬創辦人胡水旺先生，選校長的事情為何不去請教他的意見？」

吳成文說，他一向非常尊重創辦人，每一次學校的重大慶典一定請創辦人到場，但是選校長這一件事情，去諮詢創辦人並不宜。最重要的原因是創辦人之子為現任的校長，而校長又是候選人之一，為求選舉的公正，以及遵守政府法規的精神，他不能去請教創辦人，反而更要避嫌，這是保護大家的作法。

另一個問題則是，難道北醫沒有人才，為何選出臺大的人擔任北醫校長？吳成文笑說：「在遴選過程中，董事會發函給北醫的海內外各個校友會，邀請大家推薦遴選名單，但是校友會並沒有推薦任何人。」他口氣一頓，又說：「北醫經過非常多的風波，現在才逐漸穩定下來，未來要挑戰的是學術水準的提升，以及學生教育的紮實，這是大學的使命，而北醫經營的醫院還要承擔保障民眾健康的責任，所以，新任的北醫校長責任重大。」

「在這麼多重的考量下，董事會的責任是選一位可以幫助北醫發展最適當的人，如果有兩位候選人的實力相當，其中一位是北醫畢業的校友，當然可以優先考量。但如果條件有落差，就需要選擇更好的人來扛北醫的重任。」這是吳成文非常實在的回覆。

這一場原本因為配槍事件極有可能引起北醫海外校友會更大分裂的會議，在吳成文真誠與確實的回應中平靜收場，一個晚上的會議疏通了大家的疑慮。這場會議也協助縫合北醫海外校友原本崩離的情感，是一個非常成功的溝通。

為保護北醫師生，選擇靜默承擔

待吳成文回臺向董事會報告一切過程時，大家均為他捏一把冷汗，在於如果不是他真誠的擔當與沈著的智慧出席海外校友會，北醫校長的選舉風波，可能會因為幹員配槍的事件，引爆出另一場不可收拾的衝突。

海外的校友在吳成文回臺之後，紛紛寫信到董事會給他，這些信一致謝謝吳成文到美國把選校長的事情解釋得如此清楚。校友們說，因為過去接到許多國內發出的信件，一再指責吳成文要侵佔北醫，現在終於瞭解實情，大家不再有非議，也謝謝吳成文所率領的董事會，為北醫做這麼多事。

吳成文常說北醫人非常愛學校，這是因為北醫的成長過程異常艱困，也因此學生畢業之後都非常爭氣，就如同是清苦人家的小孩，長大了，在外面闖出了一片天之後，一定會回頭回饋哺育他的家園，所以，校友們都非常關心北醫的一舉一動。他並不追究北醫海外校友如此高亢的情緒，這表示他們非常關切北醫這個大家園，將來若有機會一定會齊心幫助母校成長。

而面對其他少數人的抹黑行為，無論是因為私利或是其他不明因素，吳成文當時不願意有任何的回應或是動作，也在於秉持著愛護北醫的立場。例如，到國衛院抬棺抗議、以訃文惡意咒詛侵害人的生命權，均是非常不光亮的行為。吳成文認為如果北醫的某些校友如此，這是北醫的家醜，說出來，大家會看不起北醫教育出如此的學生。

為了愛護北醫的學校清譽，他不願意多說話，如果他也當著媒體解釋所有董事會合法的遴選過程，以及舉證反對者的行為，這就如同揭北醫的傷疤一樣，讓學界看笑話，這是吳成文不屑做的。何況，他堅持學術的事情必須以學術的方式解決，而不宜以政治的方式處理，北醫也必須學習這一堂課。

在過程中，吳成文的處理原則非常寬厚，他沒有在媒體反嗆、沒有召開過記者會、沒有舉出少數北醫人為何如此反彈的原因，更沒有像許多政治選舉一般，提出損害名譽的法律訴訟。他為了護守北醫，選擇靜默，承擔一切，但求未來北醫能夠藉此而新生。

因資格問題，教育部延宕公文

這一小撮北醫人的動作還是持續，現在，他們藉著各種管道與方式，向教育部施壓。

北醫是私立大學，根據大學法的條文，遴選校長之後必須送到教育部，教育部的職責為審核校長的遴選過程是否合法，如果一切合法，只需核可，這公文的往返一般說來，一、兩個星期左右，教育部核示的公文即會送達董事會。

北醫董事會非常詳盡的將所有資料、遴選過程，以及董事會最後的投票結果送交教育部，卻遲遲不見回覆的公文。吳成文知道的是，教育部居然不敢批示。

原來這一群北醫的校友透過立委及監委向教育部施壓，除了將公文強壓下來之外，還費盡心力去找相關的法規，質疑許重義教授的資格不符。他們根據「教育人員任用條例」中，大學校長必須擔任學術、教育行政或是其他公民營機構一級主管五年以上的資格，認為許重義教授在美國擔任華盛頓大學醫學中心的「邦恩——猶太醫院中風中心」主任乙職，並非一級主管，因此不符合校長的條件。

許重義教授當然是華盛頓大學醫學中心的一級主管，在遴選過程資格審查時，委員已經確認他的資格。當然，為了這件事情，吳成文特地去信，向華盛頓大學校長確認許教授一級主管的事宜。不過，現在吳成文反倒擔心教育部若不善加處理，反而會給教育部自己引來麻煩。

吳成文曾經擔任過教育部邀請國外重量級學者回臺任職校長的遴選委員會委員多次，非常瞭解許多著名學者回臺擔任校長的情況。據他所知，當年回國擔任校長的幾位教授，如成大校長吳京、清大校長徐遐生，以及中央大學校長李羅權，甚而更早回國的劉兆漢，在國際學術上雖早已名重一時，但未必有如教育人員任用條例中的曾擔任相關學術機構一級主管五年的資格，然他們回臺之後，均合格地擔任大學校長一職。

也因此，這個資格認定的問題是有瑕疵的，教育部如果據此裁定許重義教授的資格有問題，先不談許教授的資格與否，前述幾位校長的任用，教育部就明顯地違背法規了。

華盛頓校長來函確認資格無虞

吳成文為此特地前往教育部，當時的部長為黃榮村，他告知所知道的情況，同時對部長說，許教授的資格沒有問題，因為他的中風中心為華盛頓大學的一級整合性單位，直接向校長報告，華盛頓大學校長也會來函說明，但是這個條文教育部必須善加處理，因為教育部會首當其衝地成為被攻擊的對象。

他僅能將所知的告知教育部，至於教育部如何處理這個問題是教育部的職權。後來，華盛頓大學校長親自來函說明，許重義教授所屬的中風中心為學校跨部門的整合性單位，單位的主管設有主任一人，為跨過學院直接向校長報告。這一封信件說明了該中風中心為學校的一級單位，許教授為創立中心的主任，具備一級主管的資格。吳成文注意的是許教授的資格問題，他將華盛頓大學校長的信函陳交教育部，也認為問題應當告一段落了。

爾後教育部召開委員會重修本條文，因發現問題嚴重地與現實情況脫節，修改的條文鬆綁了大學校長資格必須擔任大學一級主管五年的經歷。可是來自北醫反對的人卻認為修改的條文不能溯往，教育部對許教授的資格問題還是無法決定。

11 校長交接再生風波

許重義教授擔任北醫校長資格問題的爭議上，教育部的反應是小心與謹慎的，在於這一段時間，教育部同時承受非常大的壓力，某些中央民代的「關切」，讓教育部如臨深淵、如履薄冰，即令吳成文已經提交了華盛頓大學校長的信函，教育部還是遲遲未回覆公文，一拖就是半年。

這段時間，教育部針對許教授的資格問題，還特別成立了一個委員會，邀請知名的院士級學者、醫學大學校長等共七位，由教育部高教司主持，大家來討論許教授擔任校長的「資格」問題。吳成文不知道會議中的討論內容，但是確知與會的學者一致認為許教授的資格沒有問題，也為北醫能找到這樣的學人回臺而高興。

教育部謹慎小心，任命事宜懸而不決

主持會議的官員於會議中詢問道，大家都認為許教授的資格沒有問題，未來如果監察院調查這件事情，委員們願意為教育部背書嗎？學者們一一回說：「沒問題，我們願意！」一句話，也算讓教育部放心。

有關監察院事宜，為北醫少數反對者結合立委，到監察院施壓，要求調查北醫校長的選舉過程，但是因為一切合法，無所挑剔，所以，又轉而對教育部下壓力，阻止教育部的公文。這樣兩方的動作，讓教育部不勝其擾。

可以知道，這次教育部的反應也是亦步亦趨，高教司找來重量級的學者，無非希望未來若是發生糾葛，這群名重士林的學者能支持教育部的裁度。教育部在謹慎以及應承擔的責任中，用了「拖」字訣，讓北醫校長的任命事宜懸而不動。

吳成文知道行政官員的苦心，教育部也許不願意過度強硬得罪立委或是北醫的反對者，也希望透過更多學者的認可來支持北醫的董事會。但這件事情的延宕，卻擴大了少數反對者藉機生事的機會。這半年的紛擾與抗議一直沒有止息。

教育部遲不回覆公文，然校長的任期將屆，依據法規，舊任的校長屆時必須卸任，吳成文一直在等待教育部的公文，即令董事會的工作同仁前往教育部詢問多次，那紙公文還躺在教育部，無法走出大門。

胡校長的任期已經剩下一個星期了，反對者一直希望拖過校長的任期。他們認為只要拖過任期，即表示胡校長可以續任。

為了北醫的發展以及期待為北醫建立健全的制度，吳成文瞭解這一次校長的遴選是非常重要的一個指標，也是北醫自創校以來的第一次。他遭致無理性以及抹黑的反對行為，甚至運作到中央級民意代表來向官員施壓等，種種行止，已經脫離了法規規範，而教育部採取的拖延作法，只會讓反對的人愈形張狂。

依法舉行交接典禮，陳增福代理校長

任期屆滿前的最後一個星期是重要關鍵，吳成文堅持依照法規執行，無論教育部何時回文，學校依規定必須舉辦交接典禮，這一任的校長必須卸任。

這時，吳成文做了幾件事情，第一是確定交接典禮的時間與地點，他責成董事會與學校進行交接典禮的籌備事宜，時間為胡校長任期屆滿的當天。但因為許教授擔任校長的公文一直在教育部，在法理上他還不是北醫校長，所以，吳成文必須找一位代理校長，方能順利地完成交接。

只餘一個星期的時間，董事會與學校急急勒令籌備交接典禮事宜，而半年來明槍暗箭不斷的少數反對者，也積極運作另一波抗議行動。吳成文則思索必須以合法的方式來進行交接。

要找這一位代理校長不容易，第一，他必須是熟悉北醫行政的教授，同時瞭解目前北醫所有的複雜態勢；第二，他必須深得北醫師生的尊敬與愛戴；第三，也是最重要的，是他願意在北醫這臨急的當下承擔重任，扛下校務，直到北醫新任校長上任為止。而在北醫因為遴選校長已經喧鬧得如此劍拔弩張的情狀下，要找到一位符合上述條件的北醫人的確相當困難。

所幸，吳成文找到一位人選，過去也曾在北醫紛擾時代理校務一段時間，他在北醫逆境之際依舊堅持崗位，專心教育學生。這位教授深受北醫人的敬重，他是藥理學科的陳增福教授。

吳成文親自拜會了陳教授，陳教授知道吳成文所承受不當的攻擊以及壓力，也體會董事會重建北醫的用心，身為幾近一生在北醫任教的教授，他曾與北醫攜手度過低谷，也希望北醫能夠逆勢上揚。吳成文說明來意，希望陳教授擔任代理校長，在新任校長就任前，穩定目前的紊亂情勢。

這個擔子是很重的，吳成文知道對陳教授來說，答應是挑戰，不答應也是挑戰，這中間有對北醫的情感、有對所有發生事件的正義價值、也有對抗議行為者不認同的宣示，當然也許會讓胡校長誤會曾有的同儕情誼（註）。

吳成文瞭解陳增福教授心情的迴轉曲折，他期待陳教授做出對北醫最佳的決定，他並不想為難陳教授。但這場會晤，吳成文的真誠與對北醫的苦心打動了陳教授，陳增福答應代理校長，直到新任校長到任。

將代理校長與交接典禮籌措事宜安排妥當之後，吳成文去了一趟教育部，面見部長黃榮村，因為所有的事端必須與主管教育事務的最高長官說明清楚。吳成文希望北醫選校長的爭端可以就此化解，而教育部的責任是不能逃避的。

與教育部黃部長的一席話

「十多年前，北醫發生極大的動亂，學生上街頭，學校設備殘舊，教學品質低落，董事會被教育部解散兩次，當時教育部希望我來幫忙，我義不容辭地答應了！」吳成文回溯這一段往事。

「經過了這麼多年，我跟董事們費了許多心力，讓北醫漸漸上軌道，這一次校長的遴選，是改革中最重要的一步，也是建立制度的必要機制，一切過程合理合法，北醫董事會把選舉結果送到教育部，但是教育部一直沒有回文。我不瞭解教育部的想法是甚麼。」

「這段時間，有人對我人身進行無情與不實的攻擊、或施加政治壓力，我都沒有回應，因為我堅持學術問題必須以學術方式解決，我不做任何其他的反駁，只聽教育部的處理。如果教育部認為本次的遴選有瑕疵、不合法、不合理，教育部可以不同意，北醫的董事會就會重新遴選校長，但是教育部經過六個多月的時間一直沒有回文。現在校長的任期要到了，依法，現任校長必須卸任。」

「如果教育部還不能做決定，我想，董事們以及我都已經盡力了，將全體辭職，把北醫回歸給教育部，教育部終究是要處理北醫的問題。北醫這件事情，日後就交還教育部費心了。」

說完話後，吳成文隨即踏出部長的辦公室，他終於把該說的話說出來。十多年了，北醫也讓他用了這麼多的心力，當年一份熱心腸，原只是他身為醫界一份子對醫界的回饋，現在只要把該做的事情完成，其他的，就由教育部來負責決定了。

沒想到，在交接典禮的前一天，約下午六時，北醫董事會接獲教育部的來電，要求急速到教育部取公文，原來部長終於批示了。吳成文請董事會的秘書前往教育部，當天夜晚九點鐘，北醫董事會拿到教育部核示的公文，同意許重義教授為下任校長。

隔日，就是校長的交接典禮，一早吳成文到達北醫，如原先所料，已經有十數人在北醫的門口抗議、舉牌，他在一群人無理性的抗議聲中，進入會場。

校長的交接典禮，學校以及醫院的一級主管均受邀參加，有次序的坐在臺下。可是卻有七、八人在臺上唇槍舌戰，你爭我奪地搶著那支麥克風，搶到麥克風的人慷慨激昂，激烈的言語攻擊這次校長的選舉。他們說，教育部還沒有批准，董事會居然辦起交接來，一切都是陰謀與烏龍作業。臺上抗議的人激烈，臺下安坐的人默然，形成有趣的反差對比。

唱獨腳戲終究是會累的，這一群人見吳成文靜默無語，也許覺得沒有火花的講臺毫無情節，不能突顯他們的怒火，這時，他們唆弄著胡校長一起到教育部抗議交接典禮不合法，要求教育部來阻止交接典禮的進行。

風動歷史成為往事，北醫必須新生

這群抗議者轟然地跑出了會場，去不遠的教育部抗議，並不知道教育部已經核示了公文。這時候，吳成文才上臺說話。

吳成文說：「剛才我一直沒有講話的機會，其實教育部已經批示了，新任校長的遴選與選舉的過程一切合法，現在舉行交接典禮。」由於胡校長與抗議者一同到教育部抗議，因此吳成文請副校長盧美秀代為交接給代理校長陳增福，簡單與正式地辦完交接典禮。

要到教育部抗議的人風聞教育部已經批示，同時已將校務交給陳增福代理校長，這時又急急地趕回，迫不及待要衝上臺。吳成文這時非常心平氣和地說著，教育部已經批示了公文，方才校長不在，他已經請副校長代理辦了交接事宜。

只見胡校長或許沒想到事情有此意外的轉折，情急地表示要說話。吳成文回應道，這十二年擔任校長非常辛苦，您對北醫也有不少的貢獻，現在您卸任，當然應該說說話。接著，就把麥克風交給他。

胡校長接下麥克風，述說著這十二年的劬勞，以及他為學校所做的事情，吳成文非常仔細聆聽，胡校長沒有攻擊任何人，也沒說這次校長的選舉不合法，有的，只是一些情懷的失落與不捨。

吳成文只希望事情就此謝幕，無論是情懷的不捨、是不理性的抗爭、甚或是惡意的攻訐，這當下，應當可以把所有的事情回歸到制度的始點，一切依著制度進行，讓北醫曾經的風波，成為歷史。

北醫的這一步，非常不容易，日後，北醫將記下這一頁：曾經因為要建立北醫的新生命脈所引起的諸多爭議；但是基於制度的正義，失落的人必須選擇釋懷；而在整個事件承擔最多、受壓最大的吳成文，則選擇了諒解。

胡校長獨自說了十五分鐘的話，最後他言盡步下講臺，吳成文隨即宣佈交接典禮結束，並感謝各位主管的觀禮，抗議的人一哄而散，一個上午的熙嚷吵鬧在這一刻終於落幕。

現在應當是請許教授回臺的時候了，但是經過了這麼多的風波，吳成文也知道許教授在美國亦無辜地承受了許多攻擊，現下要請他回臺，吳成文還需費一番功夫。

註釋

註：此段時間包括代理校長陳增福，以及許多北醫人共體時艱，穩定北醫局勢，以讓許重義教授順利回臺接任校長職務，後文更詳。

12 決心回臺接受校長職務

當北醫在校長遴選中搞得沸沸揚揚之際，美國的許重義教授同樣承受了許多不當的攻訐，蒙受如此無妄之災，吳成文對他深為抱憾。許教授在臺的家人也知道這許多狀況，非常擔憂若是許教授回臺，會遭受更大的挫傷。

一次，吳成文接獲許教授大姊的來電，希望與他一晤。吳成文與許大姊見了面。許大姊一見到吳成文就說，這次北醫選校長發生了這麼多的事情，讓人怵目驚心，弟弟在美國也受到莫名其妙的黑函攻擊。弟弟是一個正直與認真的學者，如果回來，一定不會跟惡勢力妥協。她又說，許教授在美國有很好的學術成就，生活安定優逸，其實不必要管北醫這個燙手山芋，所以請吳成文放他一馬，千萬不要讓弟弟回來。

「我覺得北醫不是一個可以讓我弟弟發揮所長、好好做事的環境。」許大姊最後這麼說著，無非希望吳成文高抬貴手，不要讓許重義進入她所認為北醫這個複雜的生態環境。

吳成文可以體會許大姊愛護弟弟的心情，他沒有多說甚麼，因為在經過了這麼多的風浪之後，即令教育部已經核示了校長的人選，然過程中的無理性行為，難免會影響許教授回臺的決定；兼之教育部延宕了這麼久的時間才核下公文，這段時間亦不能要求許教授當機立斷辭去美國的工作。現在要請他回來，所面對的除了許教授自己的心意之外，還有家人的決定與支持，而這一關最是困難。

許重義回臺的曲折過程

連許大姊都出來反對弟弟回臺，許教授在美的妻小更不必說了。所以，在交接典禮之後，吳成文與在美國的許教授聯絡之際，心中並沒有多大的把握把他請回來。

臺灣的吳成文心中有掛慮，美國的許重義也有一番意料之外的翻轉。

許重義臺大醫學系畢業後赴美進修，於維吉尼亞大學取得博士學位，專研腦神經科，他在美國學術成就斐然，曾擔任美國國家神經創傷學會會長、美國國衛院國家復健醫療研究諮詢委員會委員等職，回臺之前為美國聖路易市華盛頓大學醫學院與邦恩——猶太醫院腦中風中心主任，以及擔任華盛頓大學的講座教授，他也是美國神經科學院院士。

這次北醫得以延攬他回臺，著實不容易。於二〇〇〇年，他在美國臺大醫學院校友的推薦下，參與徵選臺大醫學院院長一職，當他於臺大徵選時，說明了美國的經驗，以及美國醫學院其研究與教學如何取得世界優勢的關鍵因素，精彩的見解，讓他成為初選時的第一名。這也是吳成文知道許教授有回臺意願的原因。

北醫遴選校長時，因為吳成文的告知，他也寄來徵選函件，感覺得出許教授對回國的誠意與開放的態度。

一般說來，在美國有卓越學術成就的科學家，如果選擇回臺，多數因為對鄉土的情誼，希望藉著自己在先進國家所汲取的經驗，回饋哺育的家園。大家都知道，回來勢必對自己的學術研究、家庭生活，甚而經濟生活有重大的影響。但臺灣就有這一群愛家愛鄉的科學家願意放棄國外豐碩的待遇、優質的生活環境，回到家鄉灌溉耕耘。吳成文就是第一位放棄美國高薪，以及卓著學術事業回臺的院士。

許重義教授在美時曾擔任北美洲臺灣人教授學會會長，在美國臺籍的學術圈中非常活躍。他時常在社團中倡導愛臺灣必須要有實際的行動，不能空喊口號，也因為這一股熱心，驅使他有回臺的念頭。

其實，於他遴選北醫校長之際，在洛杉磯北醫第一屆畢業的校友已經開始有動作。北醫人是非常重情誼的，起始之際，他們因為不明瞭情況，相信不實的挑釁，大家爭相走告，反對許教授遴選北醫校長。

這股反對的聲浪還藉助媒體宣揚。美國有一份華文報紙，發行人恰是北醫的校友，他在自家的媒體上刊登廣告抨擊許教授，反對他回臺擔任北醫校長。

在美北醫校友會動作頻頻

當時，許教授也知道在美的北醫校友會常有紛爭，大家對遴選校長的意見非常不一致，北醫校友會的爭執也讓他對北醫人獨特的性格有些微認識。那當下，他曾覺得在這樣複雜的情形下回國，未必適宜。但是，他是一位探究真相的人，所以，在北醫董事會邀請他回國說明其治校理念之際，許重義也不拒絕，除了到董事會報告之外，還希望探究北醫人的真實情形。

他心中所想的是，如果遴選上擔任了校長，北醫為了新校長事宜而分裂，同窗惡鬥，那根本沒有意義，若是如此，即令遴選上了也未必要回來。這是典型實事求是的精神。

許重義回國之後，也接觸了一些人，確知反對的只是校友的一小撮，多數的北醫人希望北醫往前躍進，他們企盼未來在新的領導人帶領下，匡助北醫創建新的校風，拔升學術研究。這是他回臺的驗證與印象。

不料，回到美國之後，許重義收到一封來自北醫的限時掛號，署名為北醫校友總會會長，這封信非常直接了當地說：「我代表北醫全體校友，奉勸你不要回臺來淌這個渾水。」信件非常地不客氣，充滿著威脅的意味。收信當刻，許重義的心緒不是沒有震盪，他想著，即令是少數人，這一股勢力真是大，未來若是回臺，衝突將難以避免。想著自己在美有終生的教職，學術生涯平安順利，回臺如果引爆出北醫的更大衝突，那又何必？

許重義雖不動聲色，但他所受的騷擾以及威脅就更強烈了，在這同時，北醫董事會已經選他為新任校長，但教育部遲遲沒有核示。吳成文聽到許重義遭受嚴重的威脅，從臺灣打電話給他，向他說明北醫爭擾的現況與來龍去脈，告訴他如果因此而不能回國，將瞭解並尊重他的意願；沒想到許重義回答說：「董事長，我瞭解你也是承受很大的壓力，只要你堅持，我也不會隨便放棄。」

國外學人回國，家人的意見非常重要，在於臺灣的學術環境與生活條件不如美國等先進國家，還有子女的就學問題等，往往不容易得到家人的支持。許重義教授遴選北醫校長之際，許夫人雖沒有表示贊成，但也沒有明顯的反對，在於她深刻知道丈夫熱愛臺灣的心，總有身在異鄉無法貢獻更大心力的遺憾。而在發生了這許多事情之後，許夫人的態度卻因一通電話有了轉變。

北醫美國校友會中的第一屆校友，他們的動作最是直接、強勢，頻頻打電話到許教授家中威嚇說，不要回臺灣去當北醫的校長，不然他們不會善罷干休！威脅的電話聽多了，讓許夫人非常生氣，有一次，更是誇張，在半夜兩、三點的時刻，電話鈴大響，許夫人以為有何急事，匆忙披衣而起接起電話，不意，又是一個來意不善的威脅電話：「我警告你們不要回臺灣淌北醫的渾水！……」對方的話還沒說完，許夫人這一次不再隱忍，大聲地回說：「不必威脅我，我們偏要回去，我不相信沒有正義！」然後重重掛下電話。

不接受威逼，決定回臺

許重義說，他的太太是堅強與富有正義感的人，從不接受逼迫與威脅，兩人因為個性相近，彼此相知相惜，才能在異鄉站立起來。這一群鬧事的北醫校友，大概不知道許夫人剛硬不屈的個性，這種無理性的逼壓與威嚇，反而激起了許夫人的鬥志，她對許重義說：「一定要回去，我們不要向惡勢力低頭，這群人太囂張了，北醫不可以敗在他們手中。」

許夫人的激勵，對許重義來說，的確增加了決定的力道。這時，也是教育部公布北醫校長之際，吳成文再自臺灣去電，邀請他安排時間回國，同時對他說，他將得到董事會的最大支持，董事會希望他回來。對許重義來說，這是最誠摯的邀約。

經過了這麼多的波折，在許重義受到如此粗糙的責罵與騷擾時，根本無暇安靜思索。不過，他知道現在應當是下決定的時候了！回到臺灣意味著放棄多年在美國耕耘的一切，以及必須與在美就學的孩子們分離，但他反思著，過去在北美臺灣人教授學會中常對大家說，愛臺灣不要光說不練，一定要有實際的行動。這一次，即使引起了那麼多的風浪，但如果北醫需要他，應當是付諸行動回來的時機了。

因為吳成文的誠意與企盼、因為夫人義憤的正義感、因為希望以實際行動愛臺灣，許重義經過了這場校長遴選的爭爭擾擾之後，終於對吳成文說出了：「請放心，我一定會回去，我們對北醫都有使命。」

二〇〇二年八月一日，許重義擔任北醫第七屆校長，在他任內重要的成就為建立透明與有競爭力的制度，極力來解決北醫的財務問題、配合董事會支持邱文達奪得雙和醫院的經營權（註1），除此之外，更建立優秀的研究團隊，提振北醫的學術水準，爭取到教育部頂尖中風中心研究計畫等，他讓北醫的學風煥然一新。

許重義校長擔任北醫校長五年（註2），他在二〇〇八年四月二十三日校務會議報告中曾說：在北醫擔任校長的五年中，是他一生面臨最多挑戰的一段生涯，也是在克服困難中學習成長並鍛鍊意志的重要歷程。

五年競戰，北醫躍進

許重義是一位直來直往的學者，不喜與人應酬交際，回臺之後，他必須學習適應臺灣織密的人際關係網絡，的確不是件容易的事；而他的個性清廉，在北醫曾經如此繁複的體系內，難免會有與廠商的互動與交切，以他的性格，要樹立規範，也有諸多硬戰；兼之，北醫當時的財務狀況並不佳，所以許重義肩上的責任重大，除了要節流開源，還要讓北醫往上拔升，這每一道、每一關，都是考驗與競戰。

「北醫的校務不容易做，但是在北醫仍可以做事情。」這是許重義說的話。他說，上任時，吳董事長對他說的話言簡意賅，吳成文說：「北醫的財務不佳，校務也尚待努力，現在學校與兩家醫院都交給您管，你要整頓校務，醫院的經營也要有應該的利潤，北醫由你負責任，我及所有董事在背後支持你，讓你無後顧之憂。」

「一句話，就是充分授權，讓我盡其所以的發揮，雖然諸事繁雜，必須重新建立起機制與文化，但我可以放手去做，我有董事長充分的支持與信賴。這五年，即令有非常大的挑戰，同樣也有非常大的成就感。」許重義的話，說出了吳成文的領導特質，也說出他「鍛鍊意志」五年的心境。

這五年，更是北醫的大躍進。

註釋

註1：邱文達時任臺北醫學大學副校長，有關積極爭取雙和醫院經營權事宜，後文詳敘。

註2：目前許重義教授擔任中國醫藥大學講座教授暨醫療體系總執行長。有關許重義校長於北醫之重要革新，將於後述。

13 雙管齊下，改革校務創盈餘

許重義擔任北醫校長，他改革財務的第一個動作就是將北醫的採購透明化。北醫採購的問題，從謝獻臣董事長開始即希望有所改善，接著是吳成文針對會計制度的重整與更新，再進一步就是許重義的制度落實與執行了。

許重義說，北醫的標案標價都非常低，但是許多廠商喜歡跟北醫往來，因為得標後廠商非常好做，在於過程乾淨透明，不會節外生枝。北醫的態度是提供協助，就事論事，與廠商的互動持守原則，沒有行政與人事的干擾，是一個良性合作關係。所以，北醫的廠商常說，北醫的生意不好做，但是得標後非常單純，只要把事情做好即可。

許重義「勤儉持家」，積極引進研究預算

採購制度建立了、健全了，所有的採購都是攤在陽光下，無論是醫療儀器、藥品、建築工程等，讓制度導引北醫這部大機器，自然與有效率地運轉。許校長同時非常節儉地使

用每一筆預算，他擔任校長的第一年，北醫已經創造了盈餘。

許重義說，他在北醫時，下班了，校長室從來不關，因為一切透明化，校長室沒有秘密。他常激勵北醫人，學術競爭在拿出實力，教授升等看的是卓越的學術研究，天下沒有白吃的午餐，一定是一分耕耘一分收穫。他在北醫，杜絕關係與關說，這是組織系統健全的精神，他希望建立實事求是的北醫文化。

這五年，許重義帶進了許多研究預算與計畫，SCI論文數自他到任的二百一十六篇，拔升至五百六十六篇，申請的專利件數達六十五件；在這同時，他偕同學校與醫院的一級主管積極向外募款，厲行專款專用制度，讓募款的機制透明化。合計五年，包含學校以及醫院，北醫共募得四億五千餘萬元，對學校與醫院的發展，有絕佳提振的助力。

許重義擔任校長之後，讓他印象最為深刻的是，二〇〇四年，北醫第一屆畢業校友的四十週年畢業返校紀念會，有三部遊覽車，大家出外同歡。許重義跟著這一群校友同車出遊，每天上不同的遊覽車跟校友們談天說地。

他說，這時刻畢業的老大哥校友們爭相對他「鞭策指教」，稱讚他對北醫的貢獻，以及對北醫蒸蒸日上的校務誇不離口。這幾天的「鞭策指教」讓許重義感懷在心，因為在北醫第一屆校友中，曾有幾位以非常不理性的行為攻擊過他以及他的家人，現在大家終於知道，愛北醫的人，不是這些口中攻訐他人、所謂北醫畢業的北醫人，而是真正挽起袖子揮汗工作的人。

「許重義的個性直接，非常清廉，做事相當努力，他上任之後，一心要改善北醫的財務問題，以及提升北醫的學術地位，大家都看得到他的拼勁。」吳成文提綱契領的說出了許重義的人格特質。

落實「校長制」，醫學院與附醫齊步發展

一個性格耿直，說話直來直往的學者，落入重視人際互動的社會文化中，特別是北醫，雖經過一番變革，但昔日痕跡尚存，何況行為以及制度的磨合本就需要時間，許重義單刀直入型的工作風格，在「人和」上的確遇到挑戰，而這也是吳成文必須為他背書的地方。

每當校務出現衝突，吳成文除了調和雙方之外，最重要的裁示還是支持校長。其實，吳成文這麼做是有原因的。

臺灣的醫學院與其附設醫院之間，一直存在著一個不平衡現象，那就是醫學院的院長有任命或提名其附設醫院院長的權力，但是有許多醫院的院長在就任之後，與醫學院院長之間的互動關係往往扞格不合。「因為，醫院的預算大於醫學院，且醫院有盈收，有錢聲音大，演變到後來，醫學院的院長管不到醫院的院長，兩人的關係自然緊張。」吳成文這

麼分析。

「北醫的資源有限，如果學校與醫院成為雙頭馬車，未來如何發展？所以，我念茲在茲地為北醫建立校長制度，讓校長可以發揮，大家在他的帶領下，齊步往前走。」這是就制度面而言，吳成文所帶領的董事會齊心支持許校長。

許校長的學術能力強，大家有目共睹，為了北醫的發展，他非常節省，強力地開源節流。例如：凍結人事，以及各單位向外募集的款項必須由校方統籌分配，這些舉措，難免引來校內各單位或醫院的反彈，總會造成齟齬，但吳成文知道許校長的用心，除非必要，他不會出手阻止或是過問。

如同吳成文建立國衛院之際，在院區尚未落定之先，各研究組必須快速成立以及積極引進人才，在於「科學研究是國際的競爭，必須與時間競賽」，這是吳成文一貫的理念，他也以同樣的視野鞭策北醫。北醫還在蛻變過程中，無論是人事的規劃、制度的更新，經費的豐沛自主，還在一步一腳印的耕耘。不過，學術的紮根與發展，卻不能等待。吳成文與所領導的董事會一路挺進，大家充分與許校長搭配，北醫的學術奠基了！

這段時間，北醫陸續成立研究所，如醫學研究所碩士班暨博士班基礎組、生物醫學技術研究所碩士班、細胞及分子生物研究所碩士班暨博士班、藥理學研究所碩士班、口腔醫學研究所碩士班等等。一個學術型醫學大學的架構已經建立起來了，就像是孕養青春的少年跨入成長的發育期，只要有饒沃的肥土，將枝椏衍生，骨幹壯碩地開豁成長。

「深謀遠慮」北醫永續的發展

北醫在連續的陣痛以及顛沛中挺立了，這是醫界一致的讚語，但是吳成文卻看得更深更遠，在於他早已細察到北醫的「近憂」，身為董事會的掌舵人，他必須深謀遠慮。

「表面上北醫欣欣向榮，但我看到的不是表面的榮景，我關懷的是北醫的長遠發展。」吳成文說出當時的思索。他逐一分析數年前的北醫。

「北醫原來的附設醫院大約三百餘床，加上萬芳醫院將近九百床，對一個醫學型大學來說，短期的支援與發展已經非常侷促，而嚴格說，北醫只有附醫的三百多床，因為萬芳為北市政府委託經營，每九年要續約一次，如果以北醫的兩個支柱形容其所屬的醫院，一個因為床數少，力道尚不足，一條枝幹不是自己的，北醫長遠的發展捉襟見肘。」

其實，早在二〇〇〇年吳成文接任北醫董事長之際，董事會已經策略化的通過附設醫院第三醫療大樓的興建，這個時空背景在於吳成文希望北醫透過在地生根的方式，經營自己的校區以及提升研究品質。

當然更有一個因素在於，過往的董事會因為北醫這個位於臺北市精華區的校地，爭擾不休，幾乎腐蝕掉了學校的根基，吳成文認為抓出原因、解決問題最重要，如果北醫堅定的決定在校地發展，不必思考遷校等問題，這一塊校地，當然對北醫只有加分，未來的發展可期。

所以，當時的董事會做下這個決定，期待一刀而下，為北醫創造一個全新的思維與未來發展的契機。然而附設醫院第三醫療大學的建立並不那麼容易，北醫當時的財務情狀並不穩定，龐大的建設費用還需自籌，這當然是一個艱難的挑戰。

可以想見，吳成文所思考的是北醫長治久安的發展，對北醫來說，必須以自己醫學專精，以及數年來所累積的醫學行政長才引進資源，以打帶跑的方式，為自己建立自立更生的發展。北醫需要的是發展的機會。

這個機會來了！

附醫與雙和醫院同步起跑

大臺北地區的中和、永和人口稠密，已經超過六十萬住民，但是醫療資源卻相對不足，因為缺乏大型的醫院，中、永和的民眾，如果患病需更佳的醫療照護，就必須越區到臺北市就醫，極其不便。

中和、永和需要醫院，在一九八八年臺灣省行政會議中已經形成共識，直到一九九九年衛生署才確定以BOT案甄選民間機構投資興建，不過雙和醫院公開徵求投標的過程並不順利，從二〇〇〇年到二〇〇二年一共流標三次，直到二〇〇三年再次招標。

現在雙和醫院為北醫競標得標，以BOT案投資經營興建，並於二〇〇八年七月正式營運，以深耕社區醫療服務品質為己任，為中、永和地區民眾帶來優質的健康服務。但是北醫在與其他醫學院的團隊競爭時，卻是驚險萬分，險些失之交臂。

先就董事會支持北醫競標的過程說起。

當時，校方業已進行資金籌措的行動，計畫興建第三醫療大樓，北醫團隊已經捲起袖子，卯足全力往前衝刺；這同時雙和醫院由衛生署公告招標，因為是民間機構自行興建委託經營的BOT案，簽約期為五十年。

那時為北醫副校長同時是萬芳醫院院長的邱文達非常積極地希望北醫參與競標，然因附醫第三醫療大樓的興建已經確認，學校的財務非常吃緊，有一些董事擔心雙和醫院即令爭取到手，北醫的財務運轉會出問題，他們認為北醫附醫的興建才是北醫的根，雙和醫院並非最急迫的。

這考量雖保守一點，但是以愛護北醫的立場上說，並非過慮。然一方面是邱文達的積極，他在董事會中以萬芳經驗做為基準，詳述對雙和醫院的計畫，認為北醫有機會奪標。吳成文常說，萬芳醫院是在邱文達的手中成長的，其成功的經營是北醫紓困的第一步，而邱文達經營醫院的長才，也令所有董事激賞。

吳成文也深度的思慮，如果以長久的發展來看，若是北醫拿到雙和醫院的經營權，將穩定未來五十年的基礎，對北醫絕對是長治久安的開始。他覺得應當下這一步棋。

吳成文的北醫鼎足理論

董事會終於同意邱文達的提案：雙和醫院是北醫下一個目標。北醫緊鑼密鼓全體動員起來。

說起吳成文支持北醫團隊競標雙和醫院的策略化思考，於二〇〇八年接任臺北醫學大學校長的邱文達（註）記憶猶新，他最稱道的是吳成文所說的「鼎足而三」理論。他說：「當時吳董事長說北醫要生根發展，現有的兩隻腳（指附醫以及萬芳）是不夠的，因為萬芳每九年必須與北市政府重新簽約，附醫也在發展中，這兩隻腳還不夠穩健；但是如果可以取得雙和的BOT案，未來這五十年足以為北醫帶來穩健之外的飛速發展，這就像是一口鼎的三隻腳，三足鼎立，足堅步穩，才能茁壯發展。」

這即是吳成文支持北醫積極爭取雙和BOT案的原因，他念茲在茲的就是北醫的永續發展。北醫董事會通過校方參與雙和BOT的投標案後，當下即是立刻成立「競標團」的時候了。

這個團隊由許重義校長領軍、邱文達副校長掌舵，吳成文還特別商請嫻習財務運作的李祖德董事參與幫忙。由於邱文達經營萬芳醫院具有豐富以及專精的經驗，因此所有的擘劃與未來雙和醫院的經營細節，均是由邱文達跟所率領的夥伴們宵旰鑽研，方得如此精彩的呈現。

註釋

註：邱文達於二〇一一年擔任行政院衛生署署長，其接任許重義校長暨衛生署署長事宜，將於後述。二〇一三年七月二十三日衛生福利部成立，邱文達為首任部長。

14 力挽狂瀾雙和奪標

回憶起這一段，吳成文說，參與雙和的競標，對北醫來說是一場硬戰，因為所有參與投標者均非泛泛之輩。當時對雙和BOT案有興趣的有長庚、慈濟、中國醫藥大學等強勁的對手，北醫在這些可敬的對手中，論最重要的財力資源，似乎是最不足的一個。

但是吳成文認為，除了財力的資源之外，經營醫院最需要的是成功的複製模式，這即是北醫的勝處，在於所有競爭團隊中，只有北醫具有經營醫院公辦民營的成功經驗，這成功的精髓為時間與實務的累積，其他團隊難以模仿複製。

北醫競標的優、弱勢

先就北醫在財務及經營兩方面的優、弱點分析。

其實在北醫規劃興建第三醫療大樓之時，曾想及也許可與財團合作，這其間也有某財團與跟北醫合作有興趣，不過，董事們總是擔心，如果學校為了經營與財團結合，會失卻了學校獨立自主的位格，這與原是企業集團、或是宗教團體為回饋社會所成立的學校或是醫院的方式不同，北醫要求的是自立更生與獨立自主，若受制於人，屆時可能阻礙學校發展，因此與財團合作的構思就此打住。

這時，北醫第三醫療大樓雖尚未興建，但籌措資金的工作已經如火如荼在進行。當時擔任北醫附設醫院的院長為吳志雄，他亦是一位經營高手，吳志雄接手附醫後，附醫已經轉虧為盈，這時刻正積極規劃第三醫療大樓的興建事宜。

吳成文說，北醫這幾年，以校長許重義為首，萬芳有邱文達院長，附醫有吳志雄院長，大家努力為北醫創造績效，讓北醫有盈餘進行「安身立命」立地打樁的工作。不過北醫要興建醫院，還是需要銀行的融資，依規定必須經過教育部核可，以及符合相關法規；由於教育資源為公共財，政府具有監督的責任，政府亦擔心若是融資比例過高，萬一周濟不及，將影響學校穩定發展與學生就學的權益。

建築是火車頭工業，金額龐大，為了興建附醫事宜，學校已經向銀行貸款，現下，北醫若是要參與雙和醫院的競標，教育部是否同意北醫再跟銀行融資，還是未定數。這是吳成文必須克服的第一個問題。

要說服教育部，重點在於北醫必須提出規劃完善的財務計畫，讓教育部確認北醫有參與競標的能力。

教育部首肯，北醫迎向挑戰

吳成文志在必得，他認為，北醫有能力經營雙和醫院。就是這一個信念，他在洪奇昌董事的陪同下，拿著北醫厚厚的財務規劃書，以及這幾年北醫經營政府委託萬芳醫院的成功經驗，風塵僕僕地往教育部跟官員們溝通。

吳成文知道，政府單位有其考量，但他對教育部的長官陳述說道：北醫無論在學術以及醫療行政上已快步向前，也很少有積病如此之久的學校，可以在短短的時間內逆勢上升，進步得如此飛速，這表示北醫有「實質」能力。經營除了財力之外，就是「實質」能力，北醫經營BOT醫院的經驗就是無法取代的關鍵能力，政府應當支持北醫往上挺戰的精神。何況教育部不必擔心北醫的情形，因為這是公開的競標，如果北醫沒得標，表示評審委員認為北醫的能力不足，未來更沒有所謂融資的問題，以教育部的立場核准北醫前往競標，其實在法規以及主管官署的角色上並不逾矩。

一席話，讓教育部同意了北醫所提出未來若是得標的財務規劃。北醫跨出主管官署的第一道關卡，現下北醫必須磨刀霍霍地迎向強手環伺的挑戰，這時候，角競才要開始！

這次雙和醫院的公開招標案，一共有四家醫學型大學投標，個個聲勢浩大，來歷不凡。例如，有著強大宗教群眾支持的慈濟大學、有企業集團為後盾的長庚大學，以及這幾年在中部雄圖發展的中國醫藥大學；北醫似乎是四所大學中的弱勢，在競標之先，其實大家並不看好。

吳成文以及北醫的團隊當然知道這個情況，但北醫像是一艘船，吳成文掌大旗，許重義當督軍，迎戰的就是邱文達的將帥部隊，北醫及萬芳的精銳盡出，大家齊心一致，一起駕駛這艘巨輪，也一定要乘風破浪地到達目的地。

展現北醫軟實力，規劃經營策略

以邱文達為首的團隊，擅長規劃，吳成文的原則是，以實質的能力取勝。北醫在過程中，專注在規劃報告上，雖然聽聞某某大學關係良好，運作連連，吳成文絲毫不為所動，因為他相信致勝的關鍵在於誰可以經營好這家未來要服務龐大民眾的醫院，以及誰可以在地深耕提升中和、永和民眾的健康品質。

北醫不曾酬酢，他們把所有的精力放在完善的規劃並撰寫這個重要的報告。北醫準備的計畫非常周詳，他們知道，除了未來雙和醫院的經營規劃之外，北醫如何展現其真實的財務現況，以及若是得標營運之後銀行的償債計畫至為重要。為了讓所有參與者以及評審委員們確信北醫有此能力，北醫的財務計畫在自我評核之後，還特別請來財會專家擔任顧問，逐一審視，並提供意見，藉以背書北醫的計畫沒有問題。

除此之外，雙和醫院未來的服務方針，與如何融合區域型醫院暨醫學大學的教學特長，在研究、教學，以及服務病患中取得平衡與優勢，是規劃報告中的另一個重頭戲，這些逐項細節的規劃，均是邱文達所領導團隊的專長，這也是現今雙和醫院得以成功經營的核心能力。

「病人為重、社區優先」，是北醫執掌雙和醫院的精神綱領，規劃書中強調優質服務與醫療品質，同時結合教學與研究，將雙和醫院短、中、長期的發展方向詮釋清楚，於是一幅完整的醫院圖像立體出來，它成為一個有機的生命，將跟隨北醫的成長與淬練，步步茁壯。

吳成文事後回憶說，北醫在過程中聽到許多傳聞。例如，有人長袖善舞，善於交際，與主管單位的關係匪淺，或是主管單位對北醫有意見等等，他一概不理。吳成文認為，北醫所要展現的是一份軟實力，北醫在短短的時間內，可以掃除過往的陰霾，而且積極爭取自己的生機，就是一項不服輸的軟實力。北醫可以贏，只要對雙和醫院的經營規劃以及未來的醫療服務高過他校，北醫一定有機會。北醫就是懷抱著這一個願景去參與競標。

經營報告書的撰寫過程宵旰不休，應戰當日關鍵一擊，北醫全力迎戰。

事出意外，北醫反應不及

北醫磨刀霍霍，以吳成文為首，校長許重義、副校長邱文達，以及規劃的團隊夥伴，大隊人馬一齊參與衛生署的公開競標報告會議。北醫有備而來，企盼在這一次「華山論劍」高手濟濟的競技場上，鞭策出自己秀異的表現。

當日有十數位委員，主席為衛生署的陳姓副署長，主席事先表示，每個學校報告十五分鐘，討論五分鐘，總共二十分鐘，不得延長，報告結束之後，不能再發言，這是會議的規則。

北醫是抽到第一個上臺報告的學校。吳成文是北醫的大家長，他首先上臺，介紹北醫的企圖心。吳成文在醫學界是令人尊敬的科學家與長者，一般說來，這個場合讓北醫高階主管前往報告即可；那日，其他學校的董事長均未出席，但是北醫卻是吳成文身先士卒上臺領軍，足見他對這件事的重視。

許重義校長接續吳成文後簡短地報告北醫計畫的要點，之後真正地重頭戲就放在邱文達身上了。他逐一詮釋北醫如何經營雙和醫院的短、中、長期目標，以及北醫擁有其他大學所沒有的成功優勢——萬芳社區醫院的成功經驗，說明北醫具有最佳的實力。

北醫這回準備的計畫非常周詳，共有七大巨冊，包括經營、財務、醫療、學術、建築等各個面向，以及最重要的社區醫護服務，規劃書詳備與周全。吳成文衡觀其他學校提供的單冊規劃報告書，他對北醫信心滿滿。

這是一場非常成功的報告，北醫依時完成。而當北醫團隊，包括吳成文、許重義、邱

文達等人正準備離開會場，主席突然無預警地站了起來，他手中拿出一張單薄的紙，同時將這份資料以投影片秀出，他說：「這是北醫的財務狀況，根據這份資料，北醫的財務有問題。」

一句話，讓正要離場的吳成文、許重義、邱文達等人霎時無法意會地驚愕異常，大家不能確知為何會出現這麼一個突如其來的狀況，而才在瞬息的訝異中，不等回神，他們已經被主席請出會場，因為就主席方才所述，報告完畢的學校不得再發言，這表示說，根據主席適才所出示北醫的資料，無論正確與否，北醫沒有任何申辯或是補救的機會。

臨危不亂，吳成文緊急應變

這個情況讓北醫團隊驚慌不已。首先，北醫不知道主席的資料來自何處；再者，主席在北醫報告之後再提出這一張所謂的財務報表，難免令人擔憂，似乎在暗示北醫不夠資格參與競標；最糟糕的是，依據會議規則，北醫已經報告完畢，這時候必須離場，北醫翻案的機會微乎其微了。

步出會場，大家像是被重磅炸彈轟擊一般，有點不知所措，不知要如何回應這突如其來的「意外」狀況。

吳成文一向穩健，他臨危不亂，隨即在會場外召開一個緊急會議。他詢問邱文達：

「主席剛才的財務報表從哪裡來的？這是北醫真實的數據嗎？」吳成文認為無論如何，當下面對問題、解決問題最重要。他不計慮所謂某競爭者對主管單位的關說傳言，他雖認為主席有失中立公正的立場，但是主管單位有權得知北醫財務的真實情況，以確認北醫是否可以承接如此龐大的案件。

「這是前幾年的資料了，並不代表真實的現狀，北醫目前的財務狀況，就如同我們在報告中所說的一樣，沒有問題。」邱文達急著回答。

吳成文立即裁示：「如果主席的資訊有誤，我們一定要提出正確的資料。」他劍及履及地指引解決之道：「必須馬上把北醫最新的財務現狀提交出來，然後讓一家具有公信力的會計師事務所簽證，證明這才是北醫真確的財務現況，這份資料一定要在會議結束前送到，呈給主席以及所有與會的委員。」吳成文提出了具體的方案。

「但是要如何拿給主席以及評審委員？」邱文達憂心忡忡。

「資料送達之後，在中午委員們的便當時間，你先到主席臺，告訴主席說他手中的資料有誤，現在北醫提出了一份正確的財務報告，希望主席可以同意北醫將這些資料放在每位委員的桌上。」吳成文不動如山地對邱文達說出應變之道。邱文達聽著，緊急跟學校的財會部門聯絡，這時，只見吳成文又叮嚀一句：「無論主席的回應如何，北醫有權把正確的資料放在每一位委員桌上，因為提供正確的資訊並不違法。」

關鍵的一分鐘，北醫扭轉情勢

其他學校正在進行報告事宜，每個學校二十分鐘，核算下來，北醫應戰的時間不到有限的兩個小時。只見邱文達在會場遙控，學校的財會部門就像是急行軍的特種部隊，一聲令下，大家整齊劃一的依指示作戰。吳成文說，北醫就在短短的一、兩個小時內，準備了最新的財務報告，火速請來會計師簽證，再將所有備份好的周全資料在中午以前以專人送達會場。

這一仗意外連連，卻也打得精彩。吳成文對北醫行政部門的迅捷反應非常滿意，這即是他所稱許的北醫團隊之軟實力。短短時間內，北醫將資料備齊，飛車送達會場，邱文達審視無誤，等著中午的休息時間。這時候吳成文已經離開，趕赴國衛院工作。北醫團隊終於等到休息的時間，邱文達如同吳成文的指示，將資料拿入會場。

他趨前對主席表示，上午主席所出示北醫的資料有誤，現在北醫已經準備了最新的財務數字報告，而且經過會計師簽證，請主席同意北醫將這份資料提供給委員。主席可能沒有想到北醫會如此神速的提出證據，也沒有明確的回應，而這時邱文達已經將資料一一送到評審委員桌上，之後隨即離場。

就是這麼一分鐘，扭轉了北醫的局勢。邱文達事後回憶著，那時刻，大家都沒有見過這麼一個大陣仗，也不夠成熟，發生這麼個臨急狀況，讓所有人都慌了，不知道如何應對。

「當時如果不是吳董事長在場如此明確的指示，北醫將無法扭轉情況。」他說著：「這樣的反應涵藏著行政的智慧、臨危不亂的決斷，還有不輕易言敗的堅持精神，我在這位長者身上，看見了領導人的珍貴特質。」

無論競標的結果如何，北醫已經竭盡能力迎向危機與挑戰，吳成文說，這即是其他人難得一見的北醫精神。當時他已經離開會場回國衛院忙碌，但安心寬慮地等著北醫的消息，因為他說：「這美好的一仗，已經打過。」

驚喜的結果是，北醫以優異的成績獲得雙和標案，消息傳來，全體北醫人振奮不已。吳成文在國衛院也聽到了好消息，他對北醫的表現滿是讚許，北醫終於為自己的發展奠定了鼎立的三足，北醫已經可以大開大闔地奠定未來五十年發展的契機。北醫這一仗打得險、也打得艱，但打得真漂亮。

見證耕耘歲月，北醫大步走

北醫沒有大肆慶功，現下是依據計畫，準備與衛生署簽約，然後傾力興建雙和醫院。

北醫於二〇〇四年三月八日與衛生署簽約，契約書範圍包括雙和醫院全部建築物的興建、經營及移轉，投資興建為五十年，契約書明訂必須在二〇〇八年七月一日前依法取得雙和醫院開業執照，開始營運。

吳成文這個大家長還是不得閒，他任命邱文達擔任雙和醫院籌備處主任，雙和醫院興建期間，跟著工程人員戴安全頭盔視察建築進度，若是有地方或是中央民意代表關心雙和醫院未來所提供的服務，吳成文均隨同邱文達到場說明，甚至與地方民眾重要的互動與溝通會議，吳成文也參加過。他以行動力支持籌備處，邱文達說，連雙和醫院的磁磚都是吳成文親自選的，這句話即可看出他的投入。

克服了緊縮的工程時間，排除建築時所有的困難，雙和醫院於二〇〇七年四月二十四日進行上樑典禮，二〇〇八年四月二十九日取得使用執照，並於二〇〇八年七月一日正式開幕營運。關懷北醫的人，均見證了這一段耕耘的歲月。

北醫大步走，吳成文覺得肩上的擔子可以漸漸卸下來了！

15 功成身退，思考交棒時機

現在，北醫最辛苦的日子已經過去了，北醫所經營的三家醫院一片欣欣向榮。

萬芳醫院是北市最佳的社區醫療示範醫院，它創造了社區醫院在地深耕的典範，除了引進最新的醫療設備儀器，訓練出親切以及以病人為尊的醫護文化，同時結合社區的歷史與生活，將藝術、繪畫、音樂等心靈療癒因子，置入醫院的氛圍中，出奇制勝地創造了獨出的醫院經營模式。現今，萬芳藝廊展出藝術品的知名度，不亞於它的醫療品質，也無怪乎，若有國際醫療團隊到臺北參訪，萬芳永遠是北市政府安排的重要標的。

雙和醫院是北醫的另一個驕傲，有著萬芳醫院的成功經驗，雙和醫院自二〇〇七年七月開始正式營運，在短短兩年內，門診業務量每月已經超過七萬人次，現在當然更是蒸蒸日上。它成為中和、永和地區完整性以及可近性醫療服務的全人照護體系，整合醫療、保健以及社會福利發展的健康照料，雙和醫院以達成高品質績效的一流大學醫院為願景，致力促進社區住民的健康，它已經成為北醫的另一個金字招牌。

決定在地發展，興建第三醫療大樓

但吳成文卻認為北醫不能忽略它最重要的「根」——北醫附屬醫院。當二〇〇〇年六月三日，吳成文接任在任內仙逝謝獻臣董事長的職務後，七月二十五日董事會隨即通過第三醫療大樓的興建案；這個重大決定影響了北醫日後的發展。

北醫位於新東區的精華地帶，校區腹地不大，兼之過去財務狀況不佳，學校的經營非常辛苦，董事會更因此而紛紛擾擾，學校的教育品質滑落，讓主管的教育部焦慮不已，這也是以吳成文為首的醫界長者受教育部之邀進入北醫重整的開始。

當謝獻臣在任時，吳成文常與他商議北醫的發展事宜，吳成文也漸漸知道多年來北醫爭端不休的最重要原因之一，就是北醫這塊新東區精華地段的校地所致。

有土斯有財，有心人看到的是北醫價值難以估算的校地，於是，和璧無罪，懷璧其罪，也因此，讓過去北醫董事會為了校地事宜，爭吵不休；這涉及是否與財團合作重新興建校區，是否出售校地遷校等多端的導火線；據說有些舊董事還涉及某種利益；董事們意見不一，各有堅持，最後連董事會都開不成了。

北醫因為這塊校地，空轉了好幾年，學生的權益受損，師長們背負的壓力更大，挺住在北醫繼續任教的師長們，知道覆巢之下無完卵的哀痛，無不期待北醫重新站起來。

抓出問題、面對問題、解決問題，是吳成文的行事風格，他接任董事長之後，以快刀斬亂麻的方式，挖除了北醫的沉痾。他認為信義區校地是北醫的根，這條命脈高於一切，北醫既擁有這麼珍貴的資財，在地發展才是上策。於是與董事們商量，北醫不遷校，在全國最精華的地區發展，以求永續經營，同時也可為北醫的醫學教育奠下穩固的基石，因之，興建第三醫療大樓勢在必行。此決定讓吳成文遭受地方政府、立委以及財團的莫大壓力。

董事們同意吳成文的建議，通過第三醫療大樓的興建案，也因為這個重大的決策，吳成文得罪了有心人，爾後有許多不光亮的行動排山倒海而來，吳成文成為眾矢之的，必須一一化解與承受。

第三醫療大樓興建案另一個重要阻力來自某些重量級主管，而由於北醫財源有限，建築需要龐大資金，唯恐影響雙和醫院的順利興建及學校的長遠發展，吳成文必須獨排眾議，說服大家。

與東區一起成長，北醫生根深耕

然對北醫來說，要一刀劃得俐落乾淨，讓大家心無旁騖地為了興建家園來「勤儉持家，拼命存錢」，過程當然是艱辛的。

二〇〇二年八月許重義接任北醫第七任校長，九月吳志雄擔任附醫第九任院長，他們兩人最重要的任務之一就是集資興建附醫的第三醫療大樓。

附醫多年來虧損連連，雖說是三百床醫院的必然結果，但在吳志雄院長精心的經營下，創造高於歷屆的盈餘，他同時積極向北醫的校友募款，來籌措第三醫療大樓的龐大預算。北醫動了起來，尤其是熱情的校友們，為了回饋學校，大家爭相走告，在募款專用的原則下，一起為母校的發展出錢出力。

從二〇〇二年到二〇〇三年，北醫積極規劃興建附醫第三醫療大樓，卻受到教育部學校舉債上限的規範，不得不施行瘦身計畫。這其間穿插的因素有如前所述，北醫於二〇〇三年同時爭取雙和醫院的BOT案，資金的壓力大，教育部對於北醫有否能力承接這麼大的融資，礙於法規的限制，有著意見。

吳成文在第一時間與時任立委的洪奇昌董事前往教育部溝通，他心中有著堅定的意念，認為無論如何，附醫的興建不能延宕。

他對北醫的團隊說：「萬芳醫院每次簽約九年，經營得再好，每九年一定要爭取續約；雙和醫院的BOT案為五十年，它會帶動北醫飛速的發展，絕對值得爭取。但如果是因資金的籌措遇到阻力，現階段以雙和醫院及附醫第三醫療大樓做選擇，我寧可優先選擇附醫第三醫療大樓的興建，因為這才是北醫的根，是北醫自己的家，只要經營得好，別人拿不走。」

「無論如何，附醫第三醫療大樓一定要排除萬難興建起來。」有吳成文如此堅定的支持與卓見的分析，吳志雄所領導的附醫團隊責無旁貸地擔起這個責任，為第三醫療大樓興建事宜，克盡心力。吳志雄帶著大家往前疾奔，終於克服萬難，在二〇〇四年二月十五日第三醫療大樓舉行動土典禮，八月十七日開始施工（註1）。

典禮當日，附醫院長吳志雄對與會的貴賓，尤其是附近的鄉親說著：北醫在這一塊充滿情意的土地將近五十年，從草創到成長，極力維護在地居民的生命安危，在座的父老們都見證了北醫的耕耘足跡。現在北醫往茁壯的大道邁進，未來更將守護社區居民的健康。北醫寄望以國際級的醫療水準，社區的方便服務，以及「以人為本」的精神，為東區民眾提供醫療的品質與服務。

吳成文當日是北醫的大家長，他分享了北醫興建家園的喜悅悸動，更加感同身受。俯首回憶，北醫這一趟路走得辛苦，然而所有曾經參與這段旅程的人，均是北醫成長過程的推手，所有曾經的努力，造就了今日如此驕傲的一刻。

附醫第三醫療大樓於二〇〇七年八月正式舉行啟用典禮。一般病床五百床、特殊病床三百餘床，迄今已成為臺北東區首屈一指的急重症醫療中心。如同吳志雄院長所言，北醫附醫與臺北新東區一起替易成長，見證了昔日的稻黃草綠，今日的繁榮商肆，北醫在東區生根、深耕、成熟、結果，伴隨著歲月的淘洗，終於穩穩地站了起來。

不在沈淪與攻訐時離去

從一九九二年，吳成文邀請謝獻臣董事長與醫界大老，重組北醫的董事會，悠忽已經十餘年，這十多年的風波不少，人海浮沈。因為謝獻臣董事長仙去，他接任北醫董事長，銳意革新校務，北醫終於脫胎換骨，但卻容受許多的不公允以及惡意攻訐。

這些不平等的對待無的放矢。有人以黑函抹黑說他是「外來政權」，企圖吞併北醫，佔為己有；有人說他安插自己的人馬擔任北醫校長；有人抨擊他侵佔創辦人的私產等等。所有的指控均是子虛烏有，為了北醫，他從不回應。

對吳成文來說，進入北醫唯一的因素在於他是醫界的一份子，不忍心看見這麼一個有著歷史的學校因著人為的紛擾而沈淪。他當時的理想是把北醫救起來，摒除惡習、樹立學風、提振經營，讓北醫成為一等一的醫學大學。

重組的董事會接管北醫時，北醫幾近破產，當時的北醫屋舍老舊，校園蕭索。十餘年之後，一棟棟嶄新的大樓與建築，校園已經煥然一新，包括雄偉的綜合大樓與實用的研究大樓，充滿朝氣與新氣象，儼然成為臺北市中心嶄新一流的醫學大學。尤其是第三醫療大樓的興建，讓北醫的教學與醫療服務接連成為一體，學校與醫院的互動更佳，所展現出的醫護水平，嘉惠了來診的民眾。北醫蛻蛹成蝶，吳成文已經可以放下心了。

在北醫進入高峰的時刻放手，讓醫界的友人好奇，紛紛詢問吳成文：「現在北醫已經進入良性的發展，北醫無論在教學以及醫院的經營都已經步上軌道，三家醫院也有盈餘，這正是回收的時刻，你為甚麼要放手？」

吳成文往往回答說：「這正是放手的時刻，因為北醫已經逆勢上揚了，它可以自己獨立起來了，我不必再過慮北醫的未來，所以選擇這個時候放手。該回收的是北醫，而不是個人。」

不同的疑惑是在數年前……。

當吳成文力圖挽救北醫，他大力建立學術制度、解決財務危機，尤其是重新遴選校長之際，惡意的攻訐滿天，連他因為重感冒住進萬芳醫院，都有人打電話到醫院恐嚇，讓當時擔任萬芳醫院院長的邱文達緊急加派警衛護守他的安全，但是他依舊不懼不亢。那時刻連身旁學術界的朋友都看不下去了，當時擔任陽明大學校長也是中研院院士的吳研華（註2）就曾經對吳成文說：「吳院長，您把北醫提升得這麼好，大家都看得到北醫的進步，還有人這樣子攻擊你，何必呢？真不值得！」但是那刻，吳成文沒有離開北醫。

吳成文知道這時候北醫需要他，然要拔除北醫的沉痾，總會侵犯到舊有的文化與勢力，甚而他所不知道傳言中人事或利益的糾葛。一刀而下切除毒瘤固然痛快，這一刀更需要止痛療傷，一個在風雨中飄搖了十數年的學校，這時候才像是初生的健康嬰兒，必須好好照料。

那時候的吳成文當然知道有許多朋友為他抱屈，可是他沒有在北醫艱困的時刻揮揮衣袖，揚長而去，是身為醫界一份子回饋醫界的這份心腸，讓他堅定向前。

社會資財，在興學不在私利

而這一次，思考在北醫高峰的時刻離去，又是令人不解，有多少人詢問吳成文為甚麼這麼做？將辛苦得來的成績，拱手給別人？

吳成文下任的時間為二〇〇七年七月。自北醫董事會下任，當然有一段思索的過程，吳成文瞭解有許多人非常好奇。

說起吳成文從一九九二年進入北醫董事會到擔任董事長，最後選擇功成身退，一直為醫界津津樂道，因為他參與了北醫的蛻變與新生。不過，吳成文從始到終的唯一目標，就是幫助北醫站起來，之後絕不戀棧。

先闡述他時常說的觀念，教育事業是社會公共財，捐資成立教育事業，其目的不是所捐資的學校成功之後的回收，而是必須讓學校能獨立發展、永續經營。

吳成文常說，英、美最好的大學大多數是私立學校，例如牛津、劍橋、哈佛、史丹佛、耶魯等等，這些學校的學術、教學揚名國際，帶領研究潮流，成為優秀學生夢寐以求的最佳學府，但原先的捐助者除留名外，並沒有據為私有，學校交由最佳的專業者經營。

我國的私校法中也明載，私立學校法人第一屆董事為創辦人聘任，董事們推選其中一人為董事長，而創辦人為當然董事，不經選舉而連任。這是對創辦人的尊崇，然所有其他董事必須每屆依法改選。

但是，無論是董事或是董事長、創辦人，都必須遵循政府的法規來經營學校，若是有所謂違法的情事，導致學校無法運作等事況，法人主管機關有權將之解散，以重新組織董事會。這在在說明，私立學校即令是私人捐資成立，設立之後就是社會的公共財，必須遵循法律，兢兢業業，所屬教育事業若有利潤，也必須回饋給學校。所以，私校不牟自我的私利，而在教育與永續經營。

吳成文常感嘆，臺灣的私校問題重重，多半因為利益的問題，許多參與私校經營的人，多半把學校當成一個私人的事業，在商言商，而不把學校當成社會財，所以，一而再、再而三地希望從中獲得他所認為應當的利益，其錯誤的觀念就是誤植教育為以利益為依歸。

這種觀念的誤謬偏差，要改變需要時間，也需要私校經營者的認同。其實，數十年來，教育部為了私校的問題煞費心思，有許多學校的董事會或因為觸犯法規，或因為彼此利益不均，董事會分裂而無法運作，而被教育部解散。教育部再根據法規，重組董事會，但卻往往半途折腰，部派的董事，每因為難以抵擋舊有的勢力，而一一掛冠求去。

北醫卻是其中的一個特例，前教育部長曾志朗就曾對吳成文說，他所領導的董事會是所有私校的楷模，把北醫從生死邊緣抓了回來，還把它經營得這麼好。當時教育部也面對諸多私立大學的問題，來詢問他是如何做到的。

吳成文認為這是所有董事以及全校師生的努力，才會有今日的成果。所有曾經與他一起作戰、有著共同理想的人，均是幫助北醫浴火重生的一份子，大家都有貢獻（註3）。

不做萬年董事長，思考交棒時機

現在，正是離去的時刻，吳成文要創立一個私校的典範。學校不屬於個人的資產，不是將所謂的投資回收到自己荷包內的營利事業；學校也不屬於名義上的董事會或是董事長；董事會或董事長的任務是帶領與監督學校的發展，而真正學校經營的責任，應是由專業的教育者來執行。捐學者的價值在：「來自個人，回饋社會」，這才是社會公共財的正確觀念。

擔任北醫八年董事、七年董事長。吳成文說，他從沒有想要在北醫當一位所謂的「萬年董事長」，這不是他的價值觀。下任的意念，一直在他心中醞釀。

註釋

註1：有關附醫第三醫療大樓之興建暨雙和醫院營運等事宜，後文詳述。

註2：吳研華院士現為交通大學校長。

註3：本書文後詳述昔年公益董事們對北醫之貢獻暨期許。

16 學術制度捍衛不易

其實吳成文思考將棒子交出來，也有自己的因素，除了他覺得北醫校務已經穩定成長，足以獨立，以及必須建立學術單位為社會公共財的觀念之外，還有他當時對自我生涯期待回到學術研究的呼喚。

吳成文從回國迄今，一直擔任學術單位的行政要職，無論是中研院生醫所所長，或是國家衛生研究院院長，承擔著我國生醫學術啟肇的重責大任，他引進國際菁英、建立學術制度、培育研究人才，一步一耕耘地為我國的生命科學學術研究發展打樁立基，為學術界所稱道。

但是，他心中的最愛還是學術研究，擔任行政要職將近二十年，吳成文一直沒有放棄學術研究，因為他知道當肩上的任務一卸，一定要回到他鍾情的實驗室。

回到學術研究，出國進修一年

二〇〇五年，在他擔任第二任國衛院院長之際，眼見國衛院院區已經建立，十個研究組與四個研究中心亦設立完成，與國內整合的研究網絡也達成了原先規劃的目標，即令依法他可以再做一任院長，他還是決定把棒子交出去。

二〇〇六年，他自國衛院院長下任，回到實驗室，那一年他專注於研究，沒有行政職的責任，因為全心回到科學研究而樂在其中。當時雖說國衛院的同仁相當不捨，然眼見國衛院得以在竹南安身立命、自立發展，他覺得可放心退下來了。

同樣的心境也展現在他對北醫的情懷。二〇〇七年，他安排了一年的休假時間，前往國外重要的醫學研究中心參訪進修，他知道自己這一年將有大半的時間在國外，因此在董事會中對所有董事們提議說：「今年我有多半時間不在臺灣，董事長的職責必須交下去。」

那時的北醫正在興建第三醫療大樓以及雙和醫院，萬芳醫院的經營出色成功，北醫的學術也是箭步上揚，他對北醫未來的發展充滿信心，兼之自己已規劃出國進修，此時交棒，正是時機。

只是在場的董事們均認為，目前董事會的合作非常順暢，吳成文雖然不在臺灣，一切均能夠如常地運作，希望吳成文繼續留任。

吳成文過去若是出國會議，因為北醫的財務狀況多變，往往委託對財務熟稔的李祖德董事代理董事長，那一年，他如同往昔讓李祖德董事代理他的職務，他相信在大家齊心合力的互動中，北醫的董事會可以運作如常。

一年的年進修假，是擔任行政職多年後好不容易得到的機會，他意興昂揚地上路。

舊有董事會動作不斷

北醫自從第九屆之後，由教育部部派的董事組成董事會整頓北醫，但是北醫舊有的董事會一直不放手，透過各種訴訟、手段向教育部施壓，希望奪回董事的職務。這期間舊有的董事會興訟不絕，不過均無法勝訴。

舊有的力量以公開的方式向教育部興訟，私下動作就是頻頻地對吳成文攻擊、騷擾。這個力量暗潮洶湧，連綿不斷，一招又一招，他們決意要將北醫拿回來。

無論是興訟，或是暗下攻擊，甚而運作到中央級的民代，舊有董事會的這些動作吳成文均不以為意。他認為自己在北醫行事坦蕩，任何事情都可以晾在陽光下。他與其他的董事們都不支薪，只支領每次開會兩千元的出席費，然身上卻背負著北醫的所有壓力及債務，尤其在北醫向銀行融資興建第三醫療大樓以及雙和醫院之際，他必須以董事長的名義向銀行借款，金額高達數十億元。

當時常有親友跟他開玩笑說：「你的身價真高啊！到時候北醫若是無法清償，你就是傾家蕩產也不夠還銀行的債。」這種調侃，吳成文往往笑而不答，他知道自己在做甚麼，只希望北醫從此脫胎換骨，因而不曾憂慮肩上的擔子與自身的風險。

在吳成文的努力下，已經讓北醫脫離艱困的經營，校務逐日上揚，也許是北醫的成績單太亮眼，讓往昔的舊勢力更加不甘心，極力尋找可能的機會。

前文提及，國內有些私校的經營不佳，董事會因而紛擾不絕，這多少與利益有關，其中也有中央級民意代表擔任私校的董事，擁有提案立法的權力。立法是一個重要的決策過程，如果說我國中央級民意代表的素質高，這個立法的利器放在他們手中當然不必太過掛慮，但不幸的是，民意代表良莠不齊，擁有如此立法的權柄，有時反而具有負面的殺傷力。

這段時間，據說有某些立委的動作頻頻，透過提案修改私校法，此條款為私立學校法的第三十二條「董事會的限期整頓」。

修改私校法，衝擊北醫董事會

其條文節錄如下：

董事會因發生糾紛，致無法召開會議或有違反教育法令情事者，主管教育行政機關得限期命其整頓改善；逾期不為整頓改善或整頓改善無效果時，得解除全體董事之

> 職務。但其情節重大且情勢急迫時，主管教育行政機關得經私立學校諮詢委員會決議解除全體董事之職務或停止其職務二個月至六個月，必要時得延長之。
>
> 主管教育行政機關依前項規定解除全體董事職務時，應就原有董事或公正熱心教育人士中指定若干人會同推選董事，重新組織董事會。
>
> 依第二項規定重新組織之董事會，於每屆任期屆滿二個月前，由主管教育行政機關指定三分之一以上之新董事，併同董事會依第二十四條規定選舉之其餘董事，重新組織董事會。
>
> 因發生糾紛，致無法召開會議而遭主管教育行政機關解除職務之原全體董事，於解除職務之原因消滅後，向主管教育行政機關提出請求時，主管教育行政機關應提經私立學校諮詢委員會審議通過後，於當屆董事會任期屆滿時，指定原全體董事組成新任董事會。

上述修正的條文即是由某些與私校有關的立法委員提案，在立法院中神不知鬼不覺地迅速通過，即連教育部也應變不及。

對北醫來說，這個修正的條款似乎是為北醫的董事會量身訂做一般。教育部解散舊有紛爭不休的董事會，再由教育部重組的董事會經過多年的勵精圖治，已幫助北醫逆勢上揚，學校一片欣欣向榮，過往經營不善的問題業經解除。依據這條法規，北醫現下的董事會必須在當屆期滿交還給原董事會，再由原董事會重組新的董事會。

消息傳來，北醫董事會一陣錯愕。舊有勢力纏鬥和政客的操作，吳成文很不以為然，想著，好不容易花了這麼大的力氣，一步一步拉拔，北醫才有今日的榮景，現在，新修的私立學校法，可能回到原點，十多年的努力，可以在一夕翻盤。

因此他特地到教育部，對部長說明這極其誤謬的法規。根據此條規定，北醫這一屆董事會任滿之後，必須交回給原來教育部解散的董事會，由他們重組新的董事會。當年，就是因為原董事會有問題，讓教育部插手解散，現在北醫的問題解決了，原董事會可以堂而皇之進來，再一次重掌北醫，其後果如何，令人難以想像。

這就如同一個瀕臨倒閉的公司，原有的董事會胡作非為，將公司的資產掏空，好不容易新的董事會力圖挽救，終於谷底翻身，把公司救了起來，現在，又要把公司還給舊的董事會，似乎是要再給他們一次為所欲為掏空的機會。

其實，當下的教育部也非常無奈，他們告訴吳成文這是在朝野協商之際，隨著政府的預算案包裹通過的，不過法案既已經通過，教育部也覺得這是一個惡法，決心重新提修正法案。

藉助年休假時間，逐次交棒

二〇〇六年一月十八日總統明令公告新修的私立學校法，這時，吳成文已經自國衛院院長下任，進入實驗室，倘佯於知識的喜悅樂而忘返。他知道，教育部對這個法案有意見，將在短期內再度修法（註），年過七十的他只想回到學術，不再試圖親自去解開這不合理法案的枷鎖。

吳成文說，就是這幾個因素，讓他思考自北醫退下，所以安排了二〇〇七年出國的年休假，他是有計畫、有步驟的把北醫的董事會逐一交下去。

二〇〇七年上半年，他多半的時間在國外著名的研究機構進修，請精於財務的董事李祖德代理他的職務，他認為自己已經為北醫建立了一套健全的新制度，只要依循進行，北醫不會有狀況，所以，也相當放心。

吳成文擔任北醫的第十二屆、十三屆董事長，第十三屆董事會的任期到二〇〇七年七月八日截止，依法必須在任期屆滿兩個月之前進行改選。教育部依據新法也必須推薦五位部派董事參與董事會改選。

那一年的三、四月，吳成文人在紐約的史隆凱特林（Sloan-Kettering）癌症中心擔任客座教授，四月底回國半個月左右，又要前往位於休士頓德州州立大學的安德森（M.D. Anderson）癌症中心擔任客座教授，這一年為了學術進修，他極端忙碌，仍特別抽空回臺灣處理北醫董事會改選事宜。

教育部非常尊重吳成文為北醫所做的一切，在董事會尚未召開之前，希望吳成文建議五位部派董事名單。吳成文提供了名單，最後的名單由教育部決定。

這段時間由於董事會的重組，兼之董事長要改選，舊有的力量又開始角力。曾經擔任北醫校長的胡俊弘先生名列五位教育部部派董事中，吳成文覺得對北醫創辦人來說，這未嘗不是件好事。而當屆的董事中，也有董事希望問鼎爭取董事長的機會，吳成文雖然知道這些訊息，但保持中立超然的態度。

一切緘默，給予祝福

如此超然的態度，是吳成文行事的特質之一。他擔任行政職多年，非常瞭解所謂的運作、妥協或是協商折衝，選舉是多數決，除非大家齊心，總有意見相左之處。唯希望北醫在新任的董事長以及董事們手中，再一次飛躍。

這時有幾位希望參選董事長的董事，不約而同主動來拜會吳成文，希望得到吳成文的支持，吳成文的回答一向是，無論是誰當選董事長，只要是為北醫盡心力，他一定支持。

過去，他當選董事長均是全票通過，所以，董事們齊心一致，大家在會議中雖有不同意見的討論，但經過多數決議，董事會們總是團結一致，共創經營校務的理想。現在他倒是憂慮因為有不同的候選人，就會有不同的支持者，而若是意見相左的支持者太在意選舉的輸贏結果，反可能造成北醫董事會的分裂。這些問題是北醫新的董事會必須要面對的。

不過，這僅止於他的憂慮，他覺得身為現任董事長，應保持中立，不要多言，讓競爭者以公正、公平的方式進行選舉。

註釋

註：私校法後經修正，二〇〇八年一月十六日公告新法，業已修正本法條。

17 為教育理想樹立典範

在北醫第十四屆董事會改選之際，吳成文除了渴望回到研究外，也認為北醫已經步入軌道，他因覺得可以放下心懷而無益戀棧，心中唯繫念北醫董事會的和諧，希望董事們齊心選出下任的董事長。在一年進修假中特別回臺的他，就是計畫和諧順利地把棒子交出去。

北醫這十多年董事會在吳成文以及醫界菁英的合作下，風平浪靜，大家協力將北醫穩定下來，所以兩次董事長的選舉均是全票通過。因為是董事們一致的支持，重大的決策於議決之際均有共識，合作無間的董事會是北醫能谷底翻身、汰舊換新的最重要因素。

所以，吳成文希望這次董事長的選舉，無論是哪一位董事希望問鼎，大家都能合心支持，安定與團結的董事會是吳成文的企盼。不過各種選舉難免競爭，這也是吳成文心中的隱憂。

倒是在選舉前夕，發生了幾件事情。

高教司希望吳成文繼任董事長

有位董事去拜會吳成文，期許得到他的支持。但吳成文的諄諄回應反在於提醒：北醫過去因為董事會分裂，併發成校務不彰，教育品質低落，傷害了北醫，希望這次選出大家心目中最合適的人選，唯要記取北醫歷史的教訓，在競爭中更要注意團結的重要性。所以，他規勸有意參選董事長的董事們先行協商，不要因為選舉造成董事會的分裂。至於他自己，沒有預設立場，無論是哪一位董事出線，都有他充分的祝福。

另一位董事來訪，又是不同的情況。在選舉的前幾天，或許輸贏態勢已明，因之，這位董事非常坦誠地對吳成文說，他原計畫競選董事長，卻知道機會不大，期待吳成文再擔任一次董事長，之後培植他接棒。

吳成文還是回覆同樣的話，自己已經決心退下，無論誰當選，他都全力支持。但他依舊循循善誘告訴說，北醫今日起死回生不容易，是諸位醫界菁英無私投入的心血，因之，團結的董事會最為重要，為了北醫，競爭者更需要智慧。

也許吳成文無意繼續留任的聲音傳到教育部，選舉前一晚，吳成文接獲教育部高教司司長的電話，表示，擔心這次董事長選舉造成董事會再度分裂，希望吳成文為了北醫的安定，再次擔任北醫的董事長。吳成文不希望干擾北醫董事長的選情而沒有答應。但是司長說，如果北醫再一次亂掉了，怎麼辦？

吳成文倒不這麼認為，他說，現在北醫的董事會已建立良好制度，運作順暢，不會有問題。只是拗不過司長的不斷請求，吳成文最後回答說：「除非是明天的董事長選不出來，為了北醫的安定，我可以考慮出來幫忙，不過我認為這種狀況不會發生；所以，請您放心吧！」好不容易，才掛下司長的電話，吳成文為了北醫的長治久安，只希望明日的選舉一切順利。

新董事長出爐，北醫邁向下一世代

隔日在新組成的董事會開會之前，一位非常關心本次選舉的董事，主動趨前詢問吳成文說：「聽說高教司司長打電話給您，要您繼續留任？」吳成文回答說：「他是說了，但是我沒有意願，我告訴他，除非這次選舉無法選出董事長，我才會出來幫忙，不過我認為這種情形不會發生。」他還是回應同樣的話。

這次會議中，的確有董事提名吳成文，這位董事非常坦誠地說：「大家都知道我有意願競選董事長，但是吳董事長做得非常好，我放棄，我提名吳董事長，希望他繼續帶領北醫。」

吳成文是主席，一向嫻熟議事規範，除重複他一向的因應之外，不欲多言，以免干擾議事。這一屆的董事會，昔日醫界大老菁英多已卸任，這是北醫的新時代，應當有新氣象。第十四屆北醫的董事長出爐了，為李祖德先生，投票過程順暢，吳成文當場宣布：「恭喜李董事長當選北醫第十四屆董事長，本次選舉過程平順，李董事長有我百分之百的祝福與支持。」

之後，吳成文又說：「我很高興北醫即將邁入另一個新世代，這十多年，感謝各位董事的努力與協助，大家一起讓北醫脫胎換骨，現在我的責任已了，何況今年多半的時間在國外，理應辭去董事的職務，讓新任董事長更能放手去做。」

吳成文說完話之後，在場的其他董事相繼發言，希望吳成文留在董事會繼續幫忙。這是方選上新任董事長的時刻，吳成文想著，如果在會議上自己過度堅持辭去董事的職務，反而讓人感覺他不支持新任董事長，所以，沒有再度發言說明。

倒是那天晚上，他舒服地在家中享用晚餐，與家人說起自己還是決定辭去北醫董事的職務，這樣可以專心到國外休假進修。

做為臺灣醫界的一份子，他已盡了一份心力，為北醫打下了紮實的基礎，已經可以向當時請他幫忙的教育部長毛高文交出成績單了。他知道毛高文於二〇〇二年於哥斯大黎加共和國特命全權大使下任之後回國（註），兩人一直沒有時間見面，這段因為毛高文一言，交託北醫的責任，以及他辛辛苦苦耕耘十餘年的過程，可以讓兩人把酒言歡，徹夜暢談了。

積極辦理交接，祝福北醫新局

那一夜，他睡得極甜，像是完成一場傳承的接力賽一樣，穩穩地把棒子交給了新任的董事長，終於釋懷。

倒是隔天起來，吳成文想著應當儘速辦理交接的事宜，也讓北醫新任的董事會以及董事長，順利開展新的計畫。

他請董事會的工作同仁聯絡李董事長，只是一直沒有得到確切的回應，連他自己親自打電話也沒有回音，等了將近十天，眼見出國的日子將屆，北醫董事會還沒有辦理交接，吳成文這下急了，只得打電話給當時擔任海基會董事長同是北醫校友董事的洪奇昌，對他說：「奇昌，今天已經是星期五了，我下星期二出國，一直找不到新任的董事長祖德來辦交接，時間這麼趕，我擔心職務交接的程序不合法規。」吳成文接著說：「我提供兩個方法，一個是我出國後，由新任的董事長自行視事；或者是跟以往一樣，在出國之前，委任祖德代理董事長，之後，他可以自己完成合法程序。」

吳成文認為所有的過程必須合於程序、合於法規，在他出國之前，一定要交待清楚。洪奇昌聽聞，回答說：「我來聯絡看看。」

隔天，洪奇昌打電話來說，終於聯絡到李祖德董事長，下星期一，也是吳成文出國的前一天，他會陪同李祖德董事長到北醫董事會辦理交接事宜。

北醫董事會的工作同仁早在吳成文的指示下，將所有的文件備齊，星期一的下午，吳成文在辦公室等候，新任的董事長李祖德，與洪奇昌、張文昌、陳增福三位董事一起到董事會。在大家的見證下，吳成文簽署完文件，完成董事長的交接程序。

交接完畢之後，所有的董事離去，吳成文輕快地對董事會的同仁說，明天可以放心的出國了，然後將寫好的辭職信交給董事會的秘書，請她將這封辭職信寄到教育部。其實他早已將私人物品打包好，當天把董事長室淨空，第二天就可交給新任的董事長辦公了。對他來說，做事有始有終，這才是在北醫美好的句點。

學術制度建立不易，期許北醫固守

吳成文離開北醫，了無牽掛，唯一記掛的是，許重義校長是他任內為建立北醫的學術制度，經過公開遴選聘任的，要建立這樣的制度不容易，當時經過各種風浪，好不容易邀請他回國，吳成文希望許校長以校務為重，不要因為董事長與董事會的替易而受影響。

吳成文的顧慮是有原因的，許重義校長長期在國外，擁有浸深的學術涵養，但個性耿直，行事急切，擔任北醫校長之時，正是北醫蛻變與動盪的關卡，在這新舊交替的銜接下，尤其於人際的處理，難免有些扞格。吳成文因為知道許校長的個性，往往在其中折衝、磨合。他以北醫的大局為重，認為用人要能包容差異，取其長處，才能夠廣納百川，吸引更多優秀人才到北醫來。

為了新屆期的董事會與許校長合作無間，在交接之際，吳成文特別請在場的董事以及新任的李董事長，繼續支持許校長，大家一齊為北醫努力。

隔日，他遠赴美國，這一行有兩個月的時間不在國內。這期間他忙著在安德森癌症研究中心（M. D. Anderson Cancer Center）給予學術演講，參與研究的學術會議，同時從事串連這個國際著名癌症中心與臺灣研究機構的合作，忙得不亦樂乎。

臺灣的訊息漸漸傳來，首先是他董事的辭職信被教育部擋了回來，吳成文因人在國外沒有特別去處理，並且自己已經向教育部表達了心意；也聽到許重義校長決定辭職。然而，他知道現在絕對不是自己說話的時機，只能期許大家以心平氣和的方式處理。

他自此沒有再踏入北醫的董事會一步。吳成文覺得新屆的董事會如果認為上一屆董事會沒有做好，而希望進一步提升北醫，他若廁身董事會，反而會阻礙改革，所以也選擇不再出席，真正做到了不在其位，不謀其事，清風徐來，雲淡風清的境地。學界友人非常訝異於他如此乾淨俐落的處理態度，也常被問到，北醫這時候正是豐收的時刻，為甚麼可以這麼放得開？

吳成文這麼回答著：「我在北醫所做的事情，是在為醫界盡一份責任，北醫不是私產，也不屬於董事會中的任何人，董事會的功能在帶領及監督學校管理好北醫，培育優秀的醫學人才，以善盡大學以及醫院的責任，我當然希望北醫越來越好。如果說我在北醫期間對北醫有所貢獻的話，在於這一切成果應當是北醫的收穫，而不屬於我個人或是其他的董事，根本沒有回收的道理。何況我相信繼續發揚這些成就，新屆的董事會也應做得到。」

捐資興學在於「百年樹人」

捐資興學是社會的公有資產，其實，這樣的觀念並不存在於臺灣大多數興學的捐助主家族內，前臺灣大學校長也是教育部北醫公益董事的陳維昭教授，同是頗有感慨說道：「興學」與「興利」之間的平衡以及正確的教育觀念，在私立學校的董事會中常有爭執。

陳維昭說，當年教育部重組北醫董事會，那時他是臺大醫學院院長，與臺大醫院院長林國信一起進入董事會。他也是在第十三屆任期屆滿後卸任。回憶這一段相伴北醫的時間，陳教授回應著：「我們在北醫用了這麼多的心血，感覺上，自己也像半個北醫人，對北醫的情感非常深。」

「來自各學校的醫界菁英不分彼此，大家一起為北醫的生存找出路、思謀略，但是財務缺口如此之大，萬事起頭難，而且是錢關最難，北醫要蛻變，一定要借貸，董事會必須擔負數十億借貸的責任。醫界菁英與北醫共患難的時間，二話不說地承擔下來。」因為擔負過北醫的重擔，眼見它的成長，所以，感情深厚，這是陳維昭教授的真誠詮釋。

而在許重義遴選上北醫校長之際，那時陳維昭擔任臺大校長，即連他都受到立法委員的攻擊。「我沒有想到因為許重義為臺大畢業的，所以北醫有某些人認為是我引進許教授，說董事長吳成文是臺大畢業的，我也是臺大的校長，我們安排許重義進入北醫，是臺大人要掌握北醫的先兆。」這真是子虛烏有，陳維昭教授說，他當時也成為被攻擊的對象。

無所求，因之坦然地面對。當年有一位北醫校友的太太為立法委員，在國會的殿堂上，公然指責陳維昭，直接向他施加壓力。備詢檯上的陳維昭除了否認之外，無法說明太多，但心中想著，難道北醫的某些校友沒有看到北醫發展的瓶頸嗎？北醫董事會這麼做，全是為了北醫！

這一段故事，其實不唯牽涉到吳成文以及當年教育部所組成董事會的醫界菁英，而是一所私立大學如何將百年樹人的教育理想注入，其實，當年的公益董事們的確也樹立了典範。

註釋

註：毛高文現任「蔣經國國際學術交流基金會」董事長，二〇一二年，在吳成文與毛高文多年不見後，兩人終有機會一晤，本書將於後述。

18 醫界菁英齊心，北醫之福

吳成文說，北醫今日的成果不是他個人獨力得以完成，如同國衛院的設立一般，是一群有理想的團隊齊心合力的成績，而他適巧是一位掌舵與統合決策的人。

從第九屆進入北醫董事會擔任董事，一直到與吳成文一起卸任的有臺大校長陳維昭、陽明校長韓韶華、于俊等數位醫界的領導者，他們都是提攜北醫的推手。當董事會為北醫建立制度遴選校長之際，陳維昭一樣蒙受壓力，回憶起這一段，陳維昭有著思索：「當年我們被攻擊，是部分校友認為臺大的力量要包剿北醫，這真是無妄之災。關心北醫的人都知道，這是北醫發展的關鍵，是北醫在建立制度之後的新生機會。」

陳維昭分析，臺灣的學校建置與日本相似，公立學校因為擁有較多的資源，錄取的學生一般說來比私立學校優秀，但是唯獨醫學院的學生例外。臺灣最秀異的學生多數選擇讀醫學院，公立的醫學院有限，私立醫學院自然能吸收到一流的學生。

醫界菁英齊心救拔，北醫之福

「我們都是學醫的，為北醫盡一份心力也是希望回饋醫界。想一想，北醫在接近破產之際，大家一起幫忙，借貸對每一位董事都有壓力，不過北醫要站起來，需要資財，所以，董事們扛起責任點頭就做了。」

「那時我們自己都有重責工作在身，無私地為北醫創造生存機會、建立良善制度以及引進優秀人才，沒有人為自己的私利。說起來，北醫是有福氣的，有這麼多醫界的領導者願意挑重擔，與北醫共患難，卻不思坐享其成。北醫今日一校三院，已經獨立壯碩了，這當然是北醫的成就，更是我們昔年齊心努力所得的欣慰。」

「再說，北醫今日學術的基礎，也是在北醫動盪之際回國擔任校長的許重義教授紮下來的根基。董事會為北醫所思索的是一個教育機構，無論在制度、經營、學術與教育各個面向，能有長治久安的發展。大學的教育品質與學術發展的責任重大，現今北醫回歸北醫人掌重任，在患難度過之後更要注意如何永續、平順的成長。」

陳維昭自董事會下任之後，新任的李祖德董事長也曾邀請他回到北醫提供意見，他均欣然前往，「我們這群人在北醫十多年，看著它從孱弱到成長，終究有情感。」陳維昭曾是臺灣最優秀大學學府的校長，也願意不藏私地幫助北醫，所以當年說臺大人要包勒北醫之言，不攻自破。

曾擔任陽明大學校長的韓韶華董事也這麼說道：「在北醫最紛亂的時刻，醫界的領導人願意不計一切進入北醫，其實大家的信念就是把北醫救拔起來，等它穩定之後，回歸北醫。我們這群人在北醫董事會能夠做事，心中牽繫的唯有北醫的未來。」

解決問題，保障學生權益為先

韓教授於陽明大學校長卸任之後，出任振興醫院院長，現則為振興醫院董事。經營醫院與經營學校一樣，非常卓越出色，是一位具有學養的醫界長者。他認為北醫今日得以有此景觀，謝獻臣與吳成文兩位董事長，以及學界成立的董事會所立下的規範制度至為關鍵。

「例如，謝董事長在任時，時常為了北醫事宜，召開董事會，當時董事們均有重責在身，還是熱心地到北醫開會。但除了參與會議需要時間投入之外，大家更集思廣益為北醫的生存圖百年大計。」韓韶華教授如此陳述。

要穩定下來，一定要加強軟硬體的設施，謝獻臣擔任北醫董事長之際，北醫當時的師生比非常低，幾乎沒有研究，謝董事長整頓的第一步就是以北醫的土地抵押貸款，興建教研大樓，先行解決北醫的教學問題，以保障學生的權益。

這同時，附設醫院第二大樓的興建也接續進行。北醫需要一步一步地建設自己的醫院，除提供學生教學以及社區醫診外，最重要的是未來可以為北醫開闢一條穩定的收入來源。其實，那時來自學界的董事們均知道，這第一著棋雖無法快速解決北醫既有的窘境，但先打下這座底樁，表示出北醫希望永續成長的決心。

北醫與臺北市政府簽訂萬芳醫院委託經營合約，當時是學校財務壓力相當大的時機，因為單靠附醫以及學校收入，北醫低迷的財務問題無法根除，北醫需要大型醫院來拉拔。成功取得萬芳醫院的委辦經營，是北醫逆轉的起始，如陳維昭教授所言，當年董事會願意承擔借貸風險大力支持，非常重要。

韓教授也闡述了昔年北醫的景況說，學術界成立的董事會進入北醫經營之際，原本學校的行政體系似乎非常不放心，擔憂這群學者董事的決斷是否有利於北醫，直到看見董事們為北醫擘劃的幾個決策，他們才真正體認到董事們的用心，也願意在行政上配合。

改制大學，董事會力圖新象

董事會為北醫謀基礎，於教育部設立大學有關校地的規範鬆綁之前，已經在思索北醫改制成為大學的可能。謝獻臣謀思在先，吳成文完成在後，這是北醫學術探針的啟動，因為一所大學需要的人才資源、系所設立等，有其嚴格的規定。北醫要成為一所醫學型態的教學大學，人才到位最是重要，改制大學，為一個必經的成熟過程。

至於當年沸沸揚揚喧鬧有關校長遴選問題，以韓韶華教授的眼光認為：「這個事件與昔日北醫遭教育部解散的董事會爭鬥情事比起來，其實不算甚麼！」韓教授還認為這才是以吳成文為首的董事會最重要貢獻之一。

學術界組成的董事會期許北醫進步，這些醫界大老的考量不同，他們希望找一位在國際上具有研究知名度的學者擔任北醫校長，除卻沒有北醫的包袱外，也會有不同的作風來激勵北醫人的新氣象。

其實多數的校友均支持董事會的決定，只有小部分的校友反彈，他們的動作又結合臺灣的黑函文化，一致地攻擊，說董事會要出賣北醫。董事會受到黑函不實的中傷，吳成文是董事會的領導人，很自然的成為箭靶。

韓教授當年是校長遴選委員會的主任委員，不亢不卑地完成校長遴選事宜。那時董事會齊心和諧，大家除了開會的出席費之外，不收一分酬勞地幫北醫做事，還承擔北醫成敗的壓力，如果不是一份理想與堅持，早就打道回府了。

「我們這群人，大家都是頭頭，可以同心齊力地做事情，尊重彼此不同的意見，而且把事情做出來，關鍵只有兩個字，就是『無私』，希望北醫汰舊換新，健康地長大。在醫界，過去我們良性競爭，這一次卻是無私地合作。」這是陳維昭教授與韓韶華教授一致的共識。

董事親自上陣，助萬芳成為醫學中心

說起董事會同心齊力為求北醫一路上揚進步的幾件事情，曾任陽明醫學院院長以及榮總副院長，為我國放射線醫療權威的于俊教授，針對自己投入北醫董事會的經營決策十多年，訴說當時大家如何幫助北醫進入優質的成長條件，也回憶自己捲起衣袖親上戰場的一幕。

他說：「當時，萬芳醫院要爭取醫學中心時，董事會除了支持之外，董事們更是全體總動員。」于教授為我國引進電腦斷層掃描儀器的第一人，是放射線學門的前鋒老將。委員在審查萬芳醫院之際，他自己尚披掛上馬，醫院放射部門的簡報，就是由于教授親自到場說明的。其實在座的委員若不是于教授的學生，就是尊敬他學術成就的後進，見得于教授如此認真，也不得不佩服北醫這群無給職董事的熱誠。

于俊認為，萬芳醫院成為醫學中心對北醫的意義非凡。「因為當時北醫附醫尚未興建第三醫療大樓，床數只有三百床，無法成為醫學中心，而醫學中心對醫學院的研究生態非常重要，因為醫學中心負有醫療、研究、培育人才的三大任務，與過去區域級醫院以業務為主的營運方式不同。當萬芳醫院成為醫學中心，也意味著北醫在研究與培育人才上必須與時俱進，直接地刺激北醫的進步。」有這麼重要的翻轉機會，無怪乎董事們戮力以赴了。

于俊教授、陳維昭教授，與韓韶華教授為北醫擔負責任之際，所表現的態度是：「那時候我們都不怕，只要銀行敢貸款，我們就決定做。」如此有責任與膽識的肩膀。

說起北醫的董事們如何將自己一生寶貴的經驗，為北醫反芻謀定與發展，這份醫界長者的胸懷，也讓於第十屆進入北醫董事會的校友，同是政界知名人物的洪奇昌，有所感悟。「臺灣的醫界有尊重專業與資深的傳統，當年教育部所組成的董事會，幾乎均是醫界的菁英與領導者。那時，我以校友的身份進入董事會，算是醫界的小輩，除了在會議中見識各位長輩的歷練之外，也思索自己能以何種功能幫助北醫。」

附醫銳意革新，培育新人

北醫的董事會是一個大團隊，在北醫成長的過程中，無論是董事會或是學校的行政體系，大家的向心力愈來愈強，像是一條船，所有人有共識的往同一個方向前進。洪奇昌說：「萬芳醫院經營成功，邱文達功不可沒，然而萬芳醫院畢竟是大型的醫院，與北醫附醫相較，較容易發揮，那時附醫僅有三百床，收支尚不平衡，但歷任的院長，例如在陳庵君院長、潘憲院長任內，均前觀的為北醫造就將來的人才。」

「陳庵君在任時，已大力重用邱文達、吳志雄、曾啟瑞等青壯醫師，他們都是後來北醫的棟樑，邱文達日後還步入政壇。潘憲院長在任之際，雖說附醫仍在吃緊，也一步一步地規劃第三醫療大樓的興建，他同時與社區的居民溝通，建築的藍圖業已大致成型，之後再交付給吳志雄院長。而即令是胡俊弘校長，在改制成為大學之際也著力甚多。這說明北醫有一股內在的氣勢，希望在最短的時間內拔昇自己。」洪奇昌對當時北醫幾乎是全校快步跑催力成長的一段描述。

他雖自謙為小輩，卻是醫界領導者的其他董事們最倚重的「政界」幕後英雄。洪奇昌在政界多年，沒有一絲民意代表的傲氣，在於他個人非常尊重政府部門的文官體制，所以，即令朝野如何劍拔弩張，洪奇昌在政府行政體系中，一直為人稱道。如同國衛院的設立洪奇昌鼎力相助一般，當年萬芳醫院與雙和醫院的爭取，北醫與政府協商之際，洪奇昌也擔當重要的角色。

身為一位立委，洪奇昌願意抱著厚厚的幾大冊規劃書，親自到地方承辦單位親切地說明，除了愛校的情懷，也因為自己已是北醫決策大團隊的一員，與醫界大老們拔刀相助的拼勁一般，盡其所能地幫忙。

實地參與小組，瞭解北醫運作

董事會有如此齊一的腳步，也在於董事們均掌握住北醫成長過程中，無論是財務、教學、研究、未來發展與決策等的每個步伐。

同是北醫校友的張文昌院士，為第十一屆進入北醫董事會，除了出色的學術研究之外，亦曾擔任過主掌國家科技大擘國科會的副主委，與洪奇昌一樣，目前依舊是北醫的董事。

他說，在教育部的公益董事時代，吳成文將北醫的各項業務分成幾個小組，讓董事們根據自己的長才參與小組。董事們進入小組，除了可以細部地瞭解北醫的整體運作，重要的是真實的參與感，而且讓董事會於會議討論時刻更容易形成共識。

「因為許多提到董事會的議案均在各小組仔細的討論過，小組的運作方式幫助了董事會的決策順暢，讓董事會的績效更為彰顯。」總結一句話，董事們決不是橡皮圖章，實際參與加上正確決策，北醫氣象一新，讓人刮目相看。

身為北醫畢業的校友，張文昌院士同時提到了北醫人的特質，他說：「北醫畢業的學生沒有富爸爸，與其他學校的畢業生不一樣，因之北醫人進入醫界之後，一切靠自己打拼，成就全賴實力，而且得來不易，所以特別愛學校，希望北醫可以愈來愈好。」

這一段話帶到了重點，北醫人，無論是校友還是在學學生，一向主動積極，從過去因為抗議舊有董事會紛擾不斷，導致學生權益受損，在學學生發起「愛到最高點，心中有北醫」的請願活動，而至畢業校友希望結合校友的力量所成立的校友總會回饋學校，在在可以看出北醫人的熱血性格。張文昌表示，這些當然與日後校長遴選之際，有些北醫人的抗議行動有關。

事過境遷的今日，再回觀曾有的波瀾，就如同韓韶華教授所說的，這件事情與北醫以前董事會的爭鬥比起來，還是小事一樁。不過，曾參與的董事們均深刻地記得這意外的一幕。

19 奠下良基一校三院

因為校長遴選事宜風波不斷，當時新校長許重義教授無法如期回國，必須在北醫尋找一位代理校長，陳增福教授曾有代理的經驗，這時臨危授命，決定出任代理校長。爾後陳教授亦擔任過第十三屆的董事，目前已經自北醫退休。

高瞻遠矚建立制度

陳增福教授與胡俊弘校長為同班同學，兩人交誼深厚。陳教授曾任職中研院動物所，也曾擔任過四海工專（今德霖技術學院）院長，在任內為四海工專訂定五年整建計畫，這是該校翻新的一個重要關鍵，但之後一直在北醫擔任包括教務長等重要職務，視北醫為家，一生愛校不頹。

對於這一段風風雨雨的過往，以及日後加入北醫決策團隊的董事會，陳增福說，董事會安定，學術研究與教學品質才會進步。他是一位敦厚的長者，當年胡俊弘在美準備回國接任臺北醫學院第六任院長之際，也是由陳增福擔任代理院長。除了兩人同窗之誼外，也在於陳增福在學校教學以及擔任行政事務非常之久，對於校務至為熟稔。這一次教育部的公文延滯，延宕了新、舊任校長的交接，為求學校的安定，吳成文特別商請陳增福再擔任一次代理校長。

對他來說這是不容易的決定，其一當然是顧慮到與胡俊弘校長的友情，另一件事情即是如何以寬廣的心來與某些反對的校友互動，這其中，還有自己昔日的學生。而在思考數日之後他終於決定接受，在於他知道，這是北醫建立新制的重要關鍵，身為一生愛校的北醫人，感覺責無旁貸。

他在二〇〇二年七月到九月代理校長三個月，這段時間快馬加鞭將學校的中、長程計畫完成呈交教育部，陪同吳成文一起與校友溝通，說明北醫建立制度的重要，雖說只有三個月的時間，卻是安定學校的重要時刻。

談及某一部份校友的不理性行為，陳增福說，他們強力的反應，其實反而連累了胡校長，但是當時排除萬難所建立的制度，卻造就了現在的安定。日後許重義校長離職，北醫再度遴選校長，無論是爾後已經在政界的邱文達校長，或是現任的閻雲校長，其公開遴選的過程均非常平順。他說，這是吳成文在董事長任內高瞻遠矚地建立了制度，將董事會與學校之間的職能分界清楚，方有北醫今日的景觀。

斧底抽薪樹立北醫新文化

說到北醫董事會與學校分工合作的功能，為創辦人徐千田之子、曾擔任陽明大學副校長的徐明達教授，從教育部重建北醫董事會之後，一直擔任北醫董事迄今。他目睹北醫曾經的起伏，以及今日的穩定，說著：「北醫的組織架構為董事會有權、行政系統（學校）有能，權能分工，各司其份，合宜的職能角色讓北醫步入良性的運作體系中。」

「其實每個組織都有其磨合以及意見不一的過程，最重要的是必須要有一個確切的目標，這個目標驅策組織的改善。」徐明達表示，沒有一個學校完美無缺，沒有瑕疵，即令現在，北醫還有需要再加強的部分，例如學術研究的能力等；徐明達教授舉出逐次進步的幾個事例：

「以許重義校長來說，他是一位學人，有理想，想做事，他鼓勵學校的老師盡量申請研究補助，進行研究。許校長非常清廉，典型學者不圓滑的個性，這樣的人格特質非常需要董事會的支持，方能順利成事。這即是我所說權能的分工、分治。」

「過去董事會的黑函非常多，這種現象在我父親徐千田教授擔任北醫董事長時已時常發生，黑函是臺灣的文化，的確不是好的現象，然無論如何，均涉及管理與制度層面的不成熟。其實不只是北醫，臺灣有許多學校都有相似的問題，尤其在管理階層人選（如校長）的遴選或是任命之際，常有意外的事況，這時候，如何善用制度裁奪就是關鍵了。」

「北醫附醫過去一直在虧損中，這與有名望的醫生在家執業脫不了關係。我記得曾有一位非常知名的教授在擔任北醫附醫的院長前，我在董事會中堅持，若要任命，必須執行院長不在家開業的規則。感覺這是小小的規範而已，卻牽一髮動全身，因為他是領導者，上行而下效。其實，制度與文化就是這樣建立的。」

北醫有許多董事包括吳成文在內，都知道徐明達教授有一個善於精算的金頭腦，任何預算、決算的小數字都瞞不過他，他曾在董事會中抓出多次數字的小瑕疵。說起這個特別的能力，徐教授說，其實都是加減的問題而已，多數的人均不會認為最簡單的算術加減會出狀況，但有時是學校送來的資料太慢，或是董事於開會前無暇細看等等之疏忽，然而，一旦有誤，未來爭端就有可能會發生。

徐明達說出了幾個重點：權責界定清楚、激勵學術研究、制度規劃執行、精準地扮演應有的職分（董事的職能、學校行政體系的職能），以及領導者任事清廉的典範等等。這些就是北醫公益董事會時代，建立新準則、打破舊文化之處。這一群董事，以事、以人，以制度的建置，從微調到大幅躍進，十數年下來，汰舊換新的北醫終於上場。

必須壯大才能吸引人才

另一位擔任北醫四屆董事的資深校友邱孝震醫師，為北醫第二屆畢業，在婦產外科手術界饒負盛名，他是臺灣第一位使用腹腔鏡手術的開業醫師，也是徐千田教授的學生。身為一路看北醫自創校僅有幾棟鐵皮屋伴著周遭的稻田，以及農家在校園牧牛的學生時代，到現今都會型醫療大學的景觀，他經歷了北醫的所有歷史。

邱孝震說道：「從謝獻臣董事長開始，這一群學人董事力圖幫助北醫自谷底翻身，他們對北醫的貢獻，北醫人應當記上一筆。」

「無論醫院或是學校都應當以建立良善的制度開始，但是建立制度一定與舊有的管理扞格，尤其是一些與醫院頗有往來的一小撮校友，因為制度化之後，減少了他們長袖善舞的空間，所以會引起無理的反彈。那時我也是董事，所有的董事都成為攻擊的目標。」

但是他認為這一場陣痛，是今日北醫進步的關鍵。「吳成文董事長做事非常有原則，他就是挺得住，絲毫不動搖，這一小撮校友的動作一個接一個，我從沒見到吳成文董事長為這些事情動怒或是有情緒性反擊。我還記得他說，只要是對的事情就應當堅持到底。他是一個做事有原則也絕不馬虎的人。」

說到不馬虎，邱孝震舉開會為例：「吳董事長一定要按照會議的程序，一個步驟、一個步驟地走，不省事、不馬虎。跟他工作是一個很愉快的經驗，董事會在他領導之下非常和諧，因為同心協力，大家才能分工合作地為北醫大開大闔地做一些事情。」

邱孝震明確指陳，某些重要的決策就是在這樣的氛圍下，所有董事一致行動的。包括在謝獻臣董事長任內爭取萬芳醫院的公辦民營機會。之後，在吳成文董事長任內又支持雙和醫院的角競，以及附醫第三大樓的興建，幫助北醫奠定了將來足以茁壯的基礎。他說：「這些大工程建立之後，北醫已經立於不敗之地，來日的北醫只要在現有制度的基礎上步步向前，深耕學術，就能蔚成大樹。」

這是一位北醫校友董事對北醫的描述。身為北醫創辦人徐千田教授的學生，他希望未來北醫包括學校、董事會，記住徐千田教授無論在學術、臨床以及醫學教育的風範，不要再度落入曾經的爭鬧。「紮實做事最重要，必須輕看速效與表面的發展，因為教育是百年大計，而要一步一腳印、踏踏實實提升學校的教學、學術的研究品質，以及醫院的醫療能力，三管其下，這才是北醫的永續之道。」

「因為北醫愈壯大，才能吸引好的人才，尤其是北醫在外已經卓有成就的校友回巢，這棵樹必須繼續餵養與茁壯。」這是邱孝震對北醫的期待。

說到學術，徐明達教授也表示：「整合北醫老師們的學術能量，集思廣益開發新的研究方向，也要自校外、甚或是國外找人才進入北醫，大家齊力發展具有競爭力的研究議題，這比現下興建一棟新大樓更有意義。」看來，即連今日，董事們對北醫未來的學術發展依舊充滿期許。

有為而做，開創學術新象

北醫的校友參與董事會是漸進的，這是因為以學人為主的董事們覺得必須讓北醫的校友逐步加入董事會的運作，讓校友得知並參與董事會的重大決策。在參與中瞭解，在決策中知道北醫的需求。當然，校友無論是洪奇昌、邱孝震、張文昌，以及現任的董事長李祖德等，均發揮最大的助力來幫助北醫建立新制。

現任的校友董事洪奇昌也就北醫未來的研究能力，說出意見：「北醫目前的學術當然無法與其他知名的學術型大學如臺大、陽明比，學術需要很大的資源，需要慢慢與紮實地培養，時間座標可能拉得相當長。所以北醫無論是董事會或是學校，更應瞄準這個方向，把它當成北醫的遠景與目標。」

校友董事張文昌院士學術研究有成，目前亦在董事會中扮演提升北醫學術能力的重要功能，他說著：「成文當年在董事會以小組的方式要求董事參與，讓董事們對學校的事務多所瞭解，這小組的運作非常成功，現今的董事會依舊沿用。」

「目前董事會每個月更上層樓地寄發給所有董事們簡訊（newsletter）做參考，透過簡訊讓董事們充分瞭解學校的重要狀況。因為董事會深知學校的現狀，所以互動沒有障礙。在私校中，北醫的董事會與校方的關係是非常和諧與良性的。有這樣的基礎，才可能為北醫做長遠的思慮，包括北醫的學術發展策略。」

張文昌院士說，不同的領導人一定有不同的特質，例如曾擔任北醫校長的許重義教授，他以身作則進行學術的整合研究，已經打下一些基礎，北醫可以就這個基礎，思索與創造自己的勝處。爾後的邱文達校長，以學術年的構思啟動與激勵北醫的研究環境，現任的閻雲校長更是北醫在國外卓有學術成就的校友。如何打造北醫的學術能力，在北醫人愛校的傳承下，北醫團隊的成功機率是非常大的。

開發學術的潛力、北醫人愛校的向心力、在已經成熟的制度下紮實的做事、具有遠見的決策團隊、期許北醫長治久安等；這些都是親身參與北醫蛻變過程中，無論是教育部支持的學人董事，以及今日的校友董事們，都相信是北醫做得到的願景。北醫的振盪已經過去，這是北醫揚帆遠颺的最佳時機了！

20 興業維艱，莫忘創校理想

如同曾擔任北醫董事的學者包括陳維昭校長、韓韶華校長、于俊院長（註），以及現任董事徐明達教授所言，北醫已經進入良性的運轉中。財務穩定是北醫逆轉的開始，制度建立是北醫安定的基石，而北醫的下一步，是新一代領導人的責任了。

以社會財的觀點往前邁進

再回觀昔日吳成文與其董事團隊的重大決策，以及相伴而來的不合理批評，如果以一位目前在北醫工作的員工、並擔任重要職務者的眼光，來回憶暨回應他們與吳成文工作的點滴，應當更可以看出於「社會公共財」觀念下，吳成文與其董事們的行事風格和堅持。

一位與吳成文在北醫長期共事的同仁說道：「他像一個嚴父，對部屬有要求，自己更以身作則，在公務上，是一位有眼光、有氣度的主管。」因為職務的要求，他參與董事會會議，因此對吳成文的裁度印象深刻。

「大格局、眼光遠、尊重專業分工，重要的決策一定充分討論，不會一意孤行。遇有重大議題的討論從不預設立場，會議時一定讓大家充分陳述意見。有理想以及和諧的董事會，才能為北醫開展大局，規劃永續發展之道。」

他舉雙和醫院為例：「當時北醫附醫第三醫療大樓的興建已經確認，學校的財務非常吃緊，但那時萬芳醫院邱文達院長對於雙和醫院的競逐非常地積極熱切，有一些董事擔心雙和醫院即令爭取到手，北醫的財務運轉會出問題，他們認為北醫附醫的興建才是北醫的根，雙和醫院並非最急迫的。」

這考量雖顯保守，但是以愛護北醫的立場說，並非過慮。不過邱文達希望董事會再給他一次機會，他可詳述對雙和醫院的計畫。「重點是，吳成文董事長願意給邱文達這次機會，讓董事們再度思考北醫角競雙和的可能性。」他接著說：吳成文常說，萬芳醫院是在邱文達手中經營出色成功的，是北醫紓困的第一步。邱文達經營醫院的長才，也令所有董事激賞。這次吳成文願意給邱文達在董事會報告北醫具有競標雙和醫院的能力，的確是下對了棋。

附醫與雙和醫院同步起跑

因為董事會終於同意邱文達的提案：雙和醫院是北醫下一個目標。北醫緊鑼密鼓地動了起來。然而附醫以及雙和醫院相伴並行，董事會必須承擔向銀行融資的所有風險。「吳成文就有這個肩膀，他願意扛起來，不會將員工推上火線，他愛惜部屬，不會因只愛惜自己的羽毛而把他個人放在第一位。有『亂箭』射過來的時候，往往是他擋著。」

「他是一位有原則的人，堅持以學術的眼光來看事情。他常說，大學的目的是百年樹人與學術發展，不是急著交成績單，千萬不要倒過來做，為了求營運、績效而犧牲了學術與教育。」

「北醫無論如何是一所醫學大學，醫學大學的建築可以非常雄偉，醫院可以一間又一間地蓋，但這些都不是最重要的，大學其長存的價值在學術，只有學術經得起時光的考驗。」這位北醫人對吳成文所說每一句重要的叮嚀都牢記在心。

目前擔任雙和醫院院長的吳志雄教授，曾擔任北醫附醫的院長，北醫附醫第三棟新大樓就是在他任內完成的，是一位外科醫術精湛、行政管理能力強的幹才，也是在北醫養成的青壯人才。

當年他接掌附醫之際，附醫尚有赤字，附醫即在他手中轉虧為盈。那時附醫第三大樓的興建也箭在弦上，他必須細算建築以及更新設備的所有費用等。而此際董事會又同意北醫競標雙和，因此難免也有聲音反應，莫若北醫專心經營雙和，附醫第三新大樓可以暫緩。不過，吳成文卻以為，無論如何，附醫是北醫自己的根，一定要排除萬難進行。

附醫新大樓要如期開動，所有的重責大任自然在院長吳志雄身上。吳志雄精算了十四層大樓的經費大約是十八億元，北醫自是無法提供如此龐大的支援，一定需要向銀行融資。百般推敲之後決定以十一億元興建十四樓中的十層樓，最上面的四層樓面暫時還不會使用到；所以，自十一層樓開始到十四層樓只有外觀，樓層內先放空，下階段再行規劃。確定這樣兩階段的計畫，附醫第三大樓的興建方才啟動。

吳志雄說，附醫先開工，接著雙和醫院也動土，這時候的北醫真是「強強滾」，所有的主管均捲起袖管，幹勁十足地「高速運轉」，這是北醫展現活力與拼勁的躍升時刻。

深度思考附醫的經營謀略

「不過，附醫第三醫療大樓興建之際，因為計畫修改，還是追加了預算。」吳志雄非常詳細地描繪這一段過程。

「那時，為了撙節預算，原本規劃開刀房以及加護病房在舊大樓不動，然在醫院蓋到一半時，已經知道未來的病患多數會集中在新大樓，為了病患的安全，必須把開刀房移到新大樓，如果開刀房移出，那麼加護病房也必須搬到新大樓來，這個改變，又需增加一億的經費。」

對董事會來說，雖然財務有相當的壓力，然這是必須支持的改變，當然給予支持。不過這時候的吳志雄已經計慮深長地想及，東區如此寸土寸金，在北醫當時預算吃緊的情況下，尚未使用到的四層樓的經費，以及經營方式必須另想他法。

二〇〇七年，第三醫療大樓如期完工，北醫院區的床數增加到八百床，繁重的工程終於下幕。附醫新大樓開始營運了，第一年，吳志雄故意編列赤字預算，他將折舊與新任醫護人員的訓練費用，與每年的銀行利息細算之後，認為，附醫新大樓第一年的營運必須穩紮穩打，所以以赤字預算呈報董事會。可喜的是，在吳志雄出色的經營下，第一年的附醫就有不錯的盈餘。

其實，早在興建第三醫療大樓時，吳志雄已經向外募款，而北醫畢業的校友，這時候更是慷慨解囊捐款回饋學校。記得吳成文曾經說過，北醫人很爭氣，雖然沒有學校的奧援，但在各個領域均非常出色，一心希望學校往上提升。而北醫畢業的張文昌院士也說，因為沒有富爸爸的庇蔭，北醫人都是單打獨鬥自己站起來的，所以更關心學校。可以知道，這次北醫人的回應是非常熱切的。吳志雄就是這麼一點一滴地募款，來籌措新大樓的後續建築以及深度思考營運的方向。

吳志雄運用附醫第一年的盈餘以及所募到的捐款，完善規劃到十三層，分別為十一樓的VIP病房、十二樓的坐月子中心與醫療美容、十三層的高級健檢；第十四層則以BOT的方式規劃為減重中心。如此具有競爭力的設計，讓這一棟雄據市中心的醫療大樓，真的走向精緻化、在地化、服務化的目標。附醫此刻所提供的醫療服務，邁入醫學大學相稱的品質了！

學人董事會長期耕耘，打下北醫制度基石

從五十年前的稻田校園，見老農牧牛，兩三間簡單的校舍，到現在以東區精緻醫療旗艦卓越型醫學大學為標竿的北醫，煥然一新不唯因為時代的更迭，或是醫療科技的進步，而在於北醫的確經過非常艱困的成長與奮鬥，所以，今日北醫的景觀，得來不易。

說起歷史與往事，吳志雄對於當時董事會支持附醫第三醫療大樓興建的記憶猶新，他說：「醫院必須自立更生，把獲利放在學校，以加強學校的教學與師資，北醫經過將近五十年，才進入這一個良善的運轉。北醫的三家醫院，無論是自家的附醫或是公辦民營的萬芳與雙和，帶來了北醫的穩定，以及日後可以預期的成長。其實，這個過程很長，從謝獻臣董事長、吳成文董事長與過去學者組成的董事會開始，自北醫制度的建置，到支持三家醫院的決策，長串的過程，是北醫重新起步的基礎。」

吳志雄說他在北醫三十年，所盼望的就是親見北醫的茁壯，所以對於吳成文為北醫建立制度之際，那一段陣痛的過往有感而發：「吳成文董事長是一位意志堅定的人，他為了奠定校長的任期制度，開罪了某些人，但是他並不退縮，在不容易的情況下，依舊堅持為

北醫打下良基。其實，他大可以不得罪人，不必去建立校長評鑑與選舉制度，然而，一個理想性的使命感支持他，讓北醫有機會藉助良善的制度，健康地成長。」

這個學術制度，的確撼動了北醫的昔日文化。董事會秉持以身作則的清廉來帶領改革，董事會釐定發展方向，既不插手人事，也不直接干預營運，只監督預算、編制與收支，所以，學校以及醫院都非常容易做事，也願意承擔責任。吳志雄說，他在附醫七年，以及目前的雙和醫院，董事會從沒有包工程以及塞人員進來，這在私校中幾乎是絕無僅有，可見，因著制度這一塊基石，對北醫的影響有多大了！

創校風格，理想必須延續

也許多數自北醫畢業的學生，並不熟悉北醫的校訓、校徽以及校歌的深刻涵意，於創業艱困的歲月到風起雲湧的震盪，至今日穩定地成長，我們可以回溯北醫一路走來創校時的理想。

北醫的校訓唯有「誠樸」二字，希望北醫人以虔誠樸實的精神進行醫藥教育、學術研究，服務社會；言簡意賅，意義深遠。北醫的校徽為以臺北之「北」為底座，上面一個「十」字，這是期許北醫負起培養醫學人才，以求社會進步發展之典故。校歌更是意味深遠，從第五音節開始：

學創時代，術駕泰西，通古博今窮致知，誠以達人，樸以潔己，學作好人方做醫，上醫醫國，博愛濟世，勤學莫負少年時。

真是氣闊萬千的豪情壯語，北醫人在經過這五十年的篳路藍縷時光，已經真正地看到了它逆勢成長的精神，以及創校風格的延續。但北醫的青青子衿或許也要記住如同前教育部長楊朝祥所言：北醫有今天的榮景，千萬不要忘記先前那十多年辛苦的歲月……。

註釋

註：本書二〇一二年六月二十六日採訪于俊教授，當時于教授尚精神爍爍，然于教授卻不幸於同年九月三日因癌症過世。在此，特別紀念他為我國醫學教育所盡的每一份心力，以及他十餘年無償為北醫再生所做的貢獻。

21 風動歷史——記昔年學生運動

雖說當年因為毛高文部長的一句話，讓吳成文與一些醫界大老一頭栽入北醫，重建這個擁有三十餘年歷史的學校，但是讓教育部如此重視北醫的因素，一定不能排除當時北醫學生所發起「愛校、護校」的自覺活動，在北醫的校史中稱這一段時期為「風起雲湧的學生運動」，這段歷史，其實也是北醫得以翻轉的重要契機。

北醫學生的自覺運動，更加促成一向提倡以學生優質教學環境作為教育施政理念的毛高文的高度重視。當毛高文初任教育部長之際，曾諮詢過當年的常次李模有關北醫風風雨雨的起因，李模無奈地搖搖頭對部長說：北醫的事真是管不得。當然這句話的意思不是教育部不管，而是教育部已經傷透腦筋了！

自然形成學生自覺運動

主管官署傷透腦筋，北醫這群有理想與行事積極的學生，其實並不瞭解學校的經營情況，這一群經過激烈聯考跨進北醫校園的莘莘學子，除了雙親的期待之外，就是因為這個校園座落在臺北，名字叫做「臺北醫學院」。

當年擔任北醫活動中心總幹事參與學生自覺運動，現為馬偕醫院耳鼻喉科主治醫師的呂宜興說：「學生很單純，那時的起因是聽說學校要賣校地遷到楊梅。我們只是想，如果到楊梅，那我們學校的名字是臺北醫學院還是楊梅醫學院？如果是楊梅醫學院，就不是我當年考進來的學校了！」

「必也正名乎」是學生開始注意校務的開端，這同時醫學系四年級的吳啟誠為北醫人報社的社長，他與呂宜興對於這一段子衿青春的記憶，同樣深刻。吳啟誠曾經擔任北醫附醫副院長，以及永齡基金會執行長，他在北醫附醫八年，正是北醫脫胎換骨的時刻。兩相對照，回憶起昔年昔日，一腔熱血搶救校園的過程，說起來猶如昨日。

「那年代上大學的學生就是真與單純，對我們來說，學校像是大人的世界，大人給甚麼，我們就收甚麼。」吳啟誠說自己是從宜蘭來的鄉下孩子，他知道自己到臺北的目的是上大學讀醫科，所讀學校名叫「臺北醫學院」。

呂宜興因擔任活動中心總幹事而接近學生事務，吳啟誠也是因為擔任北醫人報社社長，開始知道校園中曾經發生以及正在進行的校園「大事」，對他們來說，北醫要遷校是大事，而為甚麼要遷校？卻讓學生摸不著頭緒，因為學校不曾公布，而是否真的要遷校又是喧喧吵吵的你傳我、我傳他的在校園中引起多數學生的不安。

校產與私產分際模糊

先談呂宜興的回憶，他說：「我是七十一年進入北醫，而所謂的學生運動在七十三年與七十四年已經開始了！我記得事件的起始是因為創辦人要把校地賣給日本的商社。」學校的校地屬於機關用地，其實不是創辦人一個人可以決定的，這是大家一致的想法。「問題就是出在這裡，如果我記得沒錯的話，那一塊地所有權人是創辦人，也就是說因為一直沒有更改地目，北醫的校地屬於私人住宅用地，既是私人用地，土地的所有權人在法理上就有權利來賣地了！」

呂宜興緊接道出：「我們當時考進來是因為『它』是在『臺北』的醫學院，賣校地與遷校對學生來說猶如羅生門一樣，大家都不甚清楚。其實當時年紀還小，還沒有深思到遷到偏遠的地區會影響到師資、入學新生的素質，以及那時交通沒有今日便捷，偏遠地區的學術活動難以持續等問題。學生只是擔心，我讀的是北醫，將來我會用哪一個學校的名字畢業？我到底讀的是哪一所學校？」

所以那時學生自發性運動的主軸就是：把「私人用地改為學校用地」，呂宜興說，這是我們對學校拋出的第一個議題。然校地所浮現的問題不只是私人土地，且學生後來又發現，北醫校園內居然有臺北市政府的地，市政府的道路興建工程會自北醫穿腸而過。

吳啟誠說：「這個無意中的發現，也讓我知道北醫當時校地情況的複雜。」民國七十五年九月，他剛接任北醫人報社社長不久，有一天信步走往校園，看見有幾個工程師模樣的人，正在測量鐵皮屋（北醫人稱之為鐵棚）以及周邊的其他地方，他心想，真是好，鐵皮屋真的要重建了。

想著才走沒幾步，不知怎地福至心靈又折回來，吳啟誠與測量人員交談之下，才知道原來不是學校請來的工程師，是公務單位的測量人員，因為北醫的東側要擴建一條十五公尺寬的道路。這段對話讓吳啟誠吃驚，按照測量人員的陳述，這條道路是穿過校園的。

「為甚麼要開道路，既沒有宣佈也沒有公告，我們學生都不知道！」吳啟誠問著。「有啊！已經公告一段時間了。」測量的人回答。吳啟誠依著他們所指的方向，結果是在學校後方不起眼角落的一個小小告示版上，看到公告的斑剝情狀，真的是已經「公告」一段時間了。

馬路穿校，學生愕然

北醫人報第二〇九期頭版中，吳啟誠發了一則新聞「配合發展道路，擬隔開鐵棚調整空間」，小小的放在社論下面，不過這只是吳啟誠決心去瞭解的第一步。

北醫的學生與其他醫學院學生最大的不同是校園內的文風鼎盛。吳啟誠說，在他就學時，北醫的刊物室有「綠杏」、「北醫青年」、「北醫人報」三份刊物，每一份刊物的編輯重點不同；「綠杏」著重醫學、「北醫青年」以生活、文學為主；「北醫人報」為針對校園內北醫所發生事務報導的報紙，為週報型，如同報紙一樣分版面，同時也有三到四版的副刊，是北醫人發表創作，無論是小說、詩或是散文以及人物專訪等的專屬園地。三份刊物各擅其風，為北醫培養許多迄今已經在文壇享有重名的醫生創作人傑，例如陳克華、侯文詠等人。

因為校園要開馬路這件「大事」，北醫人報的編輯室動了起來，他們分頭找資料、抓議題，採訪學校的行政單位，以及北醫附近的「街坊鄰居」，甚至包括知道所有過程細節的「里長伯」；除此之外，還到養工處查調有關市府將進入北醫開闢道路工程的所有資料。

北醫人報社出動了二十六名學生採訪相關的人，包括當時北醫的董事長郭宗煥先生、總務長翁國榮教授，以及醫學院的代院長陳定堯教授與訓導長等，逐一探討北醫與周邊鄰近道路拓寬始末、以及馬路進入校園的議題。經過這次深入的訪談，學生們才知道有關校地的問題是攪擾了北醫十多年的紛雜陳事，但現在已進行到迫在眉睫必須興建的時刻了。

學生的觀念很單純、直接，他們擔心：道路進入校園後，學生在校園內活動的安全、車輛的噪音是否會影響師長的授課與學生專心聽課的心情，以及破壞了校園完整性等。第二一三期北醫人報在極短的時間內推出專刊「馬路穿校特別報導」，那期共刊印了四千份，當時北醫的學生共計三千多人，不到兩天的時間就被索取一空，看得出北醫人關心校園的熱情與擔憂。

這份專刊的內容在隔幾日的中國時報也同時披露了北醫「馬路穿校」的新聞，這時候受注目的不只是北醫校園內的學生，連社會各界都知道北醫發生了大事。

必須面對校地複雜問題

細看專刊的內容，除了詳列北醫與市政府往返的公文時間，同時也知道學校的師長們同樣關心北醫校園若是切割對未來學生與學校的影響。這同時郭宗煥董事長也說明，北醫目前正在辦理財團法人變更登記事宜，並確定在他任內不會遷校、賣地等北醫人最關切的學校永續的保證。

現在可以看出北醫問題的複雜度，除了校地公有化必須快馬加鞭變更之外，北醫校園內原本為北市政府的土地，以及校園外屬於北醫的畸零土地，也得儘快解決、整合，才可以給學生一個合法、安全授課的校園。吳啟誠說，學生不會瞭解行政過程中校方與公部門爭取時所承受的壓力，但是學生的權益必須保障，這就是他當年以如此重大的「新聞」角度在緊急專刊中大幅報導的原因。

民國七十五年十一月十八日醫學院院長由曾任臺大醫院副院長，也是我國泌尿科先驅的江萬煊教授接任。他上任接受北醫人報採訪時，非常明確地說到，校地開闢成馬路，就算是高額的補助費，也不能買一條學生的生命，所以，不可以等閒視之。江院長就任後就擔負了北醫有關校務、附醫的困頓經營，以及校園合法化，校地安全整合等等的問題，肩上的責任不輕。但是江院長以身為北醫管家的身份很明白地表示，一定要保護北醫學生包括就學以及安全的權益。他的承諾，讓北醫學生舒緩了不少的焦慮。

身為北醫人報社社長的吳啟誠，也同在這一期北醫人報的雙社論中提出兩個重要的議題。他拋出了兩個學生希望解決的思索面向，其一就是校地合法化。

他在文中述及，北醫校地「馬路穿校案」雖得到市政府「暫緩」的善意回應，但是北醫的校地仍是「住宅用地」，北醫的學生希望校方盡快處理校地合法的法律問題，讓學生能夠專心地在校園內求知成長，「經過了這次開路事件，讓我們對學校處境的窘迫有更進一步地瞭解，對北醫未來則有更熱切的關懷」，是一份充滿建議與愛校的熱心腸。

不過，另一則社論也是吳啟誠寫的「給院長的諫言」，則提出了更多的期待，社論中寫出「縱觀北醫將近三十年來的校史，實可謂：篳路藍縷、風雨飄搖。在不斷掙紮、前進的過程中，我們的確也看到了北醫的進步；然而處在追求突破，更上層樓的潮流中，加快北醫前進的步伐將是所有北醫人更樂意見到的事」。

吳啟誠提出了兩個建議：一是學校行政效率的革新，他認為這次校園開馬路事件於過程中，學校的行政系統反應過遲，才會衍生許多枝節，所以企望江院長能親樹典範而風行草偃。其二則是必須維持並加強學校與同學間的溝通，他認為「教育既是以學生為前提，自當顧及學生的意見反應」，而「北醫同學（乃至校友）對學校的關懷，比諸其他大專院校尤有過之」，「建議江院長能夠博採眾議，並能尊重學生及畢業校友的意見，以化解不必要的阻力」。言之真誠，書之鏗鏘。

校友會積極參與，另有波瀾

這兩則社論今日觀之，充滿學生關切學校的情懷，但是吳啟誠在標題上用了「諫言」兩個大有重量的文詞，報紙一出，他馬上被叫到訓導處。當年還有教官制度，唯已經不是威權時代的作風了，教官非常和善的表示，有甚麼事情可以直接對校方反應，尤其是對新任院長，用「諫言」兩字，有一點太直接了些。

「學生犯錯是權利，修改是義務。」吳啟誠說，雖說只是校園內的媒體，這次他才知道傳播是有力量的，因一字之貶、一字之抑，可以引發許多波瀾。「現在想起來，真正覺得年輕時的確是太衝動了。」這是吳啟誠對兩篇社論今日的回應，他覺得當年的自己其

實並不成熟，對於事情的判讀，所觀察到的可能只是小小的切割面。日後，他也才漸漸知道，北醫的系統結構，有先天的「約制」以及後天因為市區發展的「商機」，兩相交錯，才會如此複雜，這些當然不是昔年的學生看得到的。

當學生在校園中展開愛校、護校的自覺活動之際，這時北醫的校友會也參與進來了。其實在北醫校地有爭議時，校友會已經積極地希望知道更多的細節，尤其是董事會的決定。於是在校友會發起「北醫遷校案座談會」，成立「我愛北醫基金會」，並再接再厲進行「一九八六校園開路案協商」議題會議，以及直指錨心的期待以校友會的立場來「促進董事會合法化」。

吳啟誠與呂宜興回憶所及為活動中心諸幹部與擁有校園媒體的北醫人報社，是一步一步地走向臺前，他們的行動與一向積極的校友會有關；也就是說，學生的自覺活動得到校友會的充分支持，雙方相互援引，所以才能快速形成氣候。

吳啟誠同時表示，學生抗議是在體制內反應，校友的參與則變成了有著挑戰組織管理層面的意圖。「漸漸地，我覺得大人的話我已經聽不懂了！」這是因為學生代表與校友代表受邀參加董事會召開的臨時會議，「而這場臨時董事會，讓我覺得，學生的自覺活動應當是落幕的時候了！」吳啟誠這麼說道。

一九八七年時是北醫創辦人之一徐千田教授任北醫董事長。徐千田教授是名重國際的婦產科醫師學者，無論是學術或臨床不僅在國際上聲譽卓越，更是桃李滿天下的良師。他在郭宗煥董事長謝世之後，接任北醫的第八屆董事長（註1）。

發聲適時而止，回歸學生本色

這次臨時董事會在臺北市中山北路曾經非常知名的「謝籃餐廳」召開，學生受邀參加，表示出徐董事長非常重視學生的聲音。想起這次會議自己的參與，吳啟誠直說：「真是年輕不懂事，『自以為是』的說了一些『以為』有利於學校的意見。」

他對徐董事長說道：「學生不樂見校園分割，同時期待校地與附醫的合法化，如果現在的董事會做不到，就必須解散，另組董事會。」這些話現在想想，真是犀利，更是對名重國際的徐千田教授有著些許的挑戰意味，當然這是吳啟誠日後的反思，他說：「昔年的自己年輕識淺，當然沒有細想這麼多。」而在他畢業之後，於徐千田婦產科擔任實習醫師，親見徐教授於問診間隙依舊手不釋卷地讀日本的學術期刊，對於徐教授的敬佩更是不在話下，再回思自己曾信口提言，更覺不當。

他意氣昂揚地說出這一番話，之後就是聆聽校友與董事間的互動與對話，也因為在旁靜靜諦聽，他訝然發現，「大人」們的話高來高去，唇槍齒戰，你來我往地互不退讓，但他就是聽不出其中的眉目與各說各話的堅持，他知道自己已經不瞭解校友與董事會之間的糾葛與爭端了。

像是一支對空發射的箭，拉滿弓射出去之後，突然失去了標的與方向。回到學校後，吳啟誠反省到還是學生身份的他們的確無法再往上「管」到更複雜的事了，在於除了學生權益的部分，其他的事端早已高過他們可理解的範圍。那夜，於刊物室，他對北醫人報社的同學說，我們不應再有甚麼動作了，既然校友會也參與進來了，大人的事情就由他們去解決吧！

呂宜興也說出，學生活動的最大目的是保護校園，期待校地合法化，他們的聲音已經傳達得非常清楚，校方與董事會也非常重視學生的心情，這一場「出聲」的仗陣已經完成使命，就當是學生們退場的最佳時機了。

第二一五期北醫人報的社論，吳啟誠曾為所謂的學生運動下了一個定義：學生運動乃指學生關懷社會的行動。如果就此定義來說，昔年北醫的學生運動，基本上是學生們以單純的心爭取權益、愛護學校的自覺活動，與關懷社會的意義是有些差距。所以，參與這場以「熾熱的心，理性的行」校園關懷行動的學生們，在覺得聲音充分傳達之後，就自動地回歸學生角色，把舞臺留給爭議勃興的大人們。

回憶愛校心情，才懂天寬地闊

二〇一二年十月五日與呂宜興醫師在馬偕醫院十六樓的餐廳回憶二十六年前學生時代參與北醫護校行動的點滴。呂宜興說，等到自己畢業之後，進入不同的醫療體系，漸漸知道過往舊有校友會與董事會某些的爭鬥，不過逝者如斯，曾經參與的學長們大多已老成凋謝，舊事如水而過，擅心思者一樣不敵歲月的淘洗，再難以呼風喚雨。

十餘年前，當他在醫療體系逐漸立定之後，與一群有理想、希望回饋學校的學長與同學們重組北醫醫學系校友會，希望幫助北醫校務發展，回饋哺育他們的母校。呂宜興現在擔任校友會的常務監事，那顆愛北醫的心，與當年並無二致。

二〇一二年十月十七日與吳啟誠於臺大公衛學院會晤，當年這群學生為保全北醫校園的完整性，一起心連心、手攜手行動之際，也在如是的仲秋時刻。吳啟誠說，他非常幸運，曾廁身經過北醫昔日的危機，以及在教育部重整北醫董事會之後，參與那段北醫不畏艱難，成長、壯碩的過程。那時候，他擔任北醫附醫的副院長，正是附醫第三醫療大樓興建的時刻，與吳志雄院長（註2）一起面對時間緊逼以及預算壓縮下的興建工程。他說，這時候才學習到領導者必須承擔的壓力與胸襟。

那時候，附醫的院長吳志雄受到不實黑函攻擊，學校還將此案件送到教師倫理委員會去審查，性格坦率直接的吳啟誠非常忿忿不平，他在委員會中仗義直言，如同年輕時刻學運時代「回擊」的積極行為，但是他卻奇怪於吳志雄院長為何如此「淡定容忍」？直到吳志雄告訴他，年輕人這種經歷早點來，不是不好的！此時方驚覺這才是歷練的開始。當然事後證實這是一件烏龍黑函事件，吳啟誠卻逐步瞭解要成為一個肩扛使命的人，多少要學習容受一些不確實的對待。

吳啟誠說日後在北醫的歲月，也因為有機會與吳成文深刻的互動，觀看到了長者的行事風範。擔任行政業務總有倦怠的時刻，他在副院長任期結束之後，向吳志雄請辭行政職，但是當時正是吳志雄需要幹才幫助他興建北醫第三大樓之際，吳志雄向董事長吳成文報告，並希望吳成文以董事長的身份出面慰留。吳成文找來吳啟誠，當面與他一晤。

吳成文對他說：「這是北醫成長的關鍵時刻，吳志雄院長需要您的幫忙，如同我當年幫助北醫一樣，我還是希望您能夠留下來。其實，在這重要時刻參與北醫的成長，不止幫助未來躍進的北醫，更可以是自己專業生涯的另一種成就。」

吳啟誠說，那天與董事長吳成文的面晤，讓他學習不少。第一個發現就是，他才知道，包括吳成文以及當時所有部派董事都是無給職，他們沒有薪水，只領會議出席費，但是對北醫的投入以及背負的壓力卻是外人無法想像的，甚至於必須抵擋不實的攻訐與謾罵。這種莫須有的罪名，如果是他，早就發作了！

他還記得吳成文說的一句話：「年輕人的世界天寬地闊，將來當自己的訓練更足夠了，在醫界，不要狹隘地以自己的學校為唯一奉獻的標的。像我是臺大畢業的，卻在北醫用上最多的心力。過去醫界存在門戶芥蒂，大家格格不入，這其實不是好的現象。」那次的交談讓吳啟誠領悟許多，影響到他今日可以更開闊地選擇到企業界以及其他學校發展。

爾後吳啟程曾應郭臺銘之邀，到永齡基金會負責醫學業務的規劃，這個邀約他曾諮詢求教吳成文，吳成文一向賞識他，認為他具有開創事業的能力及才幹，而給予他肯定與鼓勵。

北醫人必須成為北醫的驕傲

這是吳啟誠對於自己在北醫從就學、就業，到成為單位重要職務以及往外發展的過程。如同呂宜興一樣，他們認為自己因緣際會躬逢其勝，遇到北醫昔日的危機以及力圖上進的過程，自我的人生閱歷也隨之練達成熟。在於北醫歷史中的每一個刻痕，對北醫以及他們都有不容抹滅的意義。

組織是以人為單位的生命體，所以組織的成員主導著組織的生機。這就是吳成文常說的，「people、people and people」，以「三民主義」轉喻的人才至上主義。細數當年還是學生的北醫人，以及風狂雨驟時代北醫各個領導者，無論是學院院長、校長，以至於董事會，當對的人到位了，北醫過往陳痾一一褪去，這時候曙光與生機就會浮現。

吳成文說，書寫北醫「歷史」的動機即在此，這也是現在北醫組織中的所有人，無論是師生或是領導者的責任，因為北醫永續茁壯與挑戰學術的進步成長，關鍵要素就是兩腳闊步行走的「人」字而已！

註釋

註1：徐千田教授於第八屆董事長任內（為其臨終前），將北醫校地更改為法人用地，杜絕以北醫校地為私產而藉以牟利的可能，為北醫留下來日得以自谷底爬升的契機。

註2：吳志雄院長現任雙和醫院院長。

22 一流人才造就一流大學

吳成文決定卸下行政職務，他認為無論是生醫所、國衛院還是北醫，都已經步入穩定成長的階段，二十餘年的重責大任終於可以放下心懷。他是一位名重國際的科學家，學術研究是生命的最愛，所以還是馬不停蹄地奔忙。二〇〇七年吳成文申請國外進修假一年，這一年成果豐碩，他串連了國外重要研究機構與國內合作，一年進修假結束，囊沈衫碌的回到臺灣。

回國風塵僕僕，在中研院生醫所的癌症研究工作讓他忙得不亦樂乎。隔年，接受陽明大學吳研華校長之邀（註1），擔任陽明大學特聘講座教授，開始進行幹細胞的學術研究。這一年的北醫有諸多變化，首先為許重義辭去校長職務，到中國醫藥大學擔任醫療體系總執行長，繼任校長職務為邱文達。

彭汪嘉康院士加入北醫團隊

從國衛院退休的彭汪嘉康院士於二〇〇七年加入北醫團隊。彭汪院士是吳成文擔任北醫董事長時力邀加入北醫的科學夥伴。一九八六年他與彭汪院士同一年獲選為中研院院士，因為協助臺灣的生物醫學發展而結識，一九八八年吳成文回國，彭汪院士三年後也跟著吳成文返臺，從生醫所、國衛院，以及之後在北醫的相接，兩人是緊密的工作夥伴，默契極佳。

那時，北醫的校長為新任的邱文達，他很早就請吳成文幫忙北醫癌症的學術研究發展，吳成文擔任國衛院院長時為了避免利益衝突，遲遲沒有動作，等他與彭汪嘉康都從國衛院退下來，吳成文方主動推薦彭汪院士到北醫發展所長的癌症研究，以提升北醫於癌症學術暨臨床的醫療品質。

彭汪院士為北醫體系成立癌症研究中心而奔忙，她非常期待老長官吳成文的協助，也因為這層理由，吳成文雖然不再參與北醫董事會的會議，依舊在第十四屆的董事會中掛名，他想著，這是對老同事的一份精神支持。

有時兩人見面，吳成文總會知道北醫的一些近況。他知道北醫申請到衛生署的預算成立癌症研究中心，也知道雙和醫院穩定運作，在極短的時間內已達損益平衡，也有經營的利潤。這些都是好消息，讓他非常開心。

除此之外，北醫故舊總會時常來訪，談談學校以及醫院的情形，尤其是邱文達身兼校長與雙和醫院院長，忙得焦頭爛額，還經常到吳成文家中探望他。

邱文達校長為知名的神經外科醫師，曾在北醫擔任公共衛生學系系主任、北醫附醫副院長，以及副校長等職，在北醫任教或是臨床醫療，成績卓越。他的長才漸次展露，籌備萬芳醫院之後擔任院長，在極短的時間內把萬芳醫院經營得成功出色，當時吳成文在董事會對邱文達的幹練印象深刻。

為北醫大局挽留邱文達

邱文達在二〇〇五年之際，也差一點被彰化基督教醫院盛情禮聘為院長，當時邱文達身兼北醫醫療副校長、萬芳醫院院長，以及雙和醫院籌備處主任。那時吳成文覺得邱文達已經忙得不可開交，希望他專心籌建雙和，並以副校長的身份提升北醫所有醫院體系的醫療品質。這時，彰基正在尋找新院長，也由於其基督教醫院的背景，希望找一位基督徒信友，以及具有卓越醫療臨床、行政能力的院長。

邱文達是彰基認為最佳的人選。當邱文達來訪提到自己為教友的身份，彰基現在邀請他去為上帝愛的國度盡一份心力，吳成文第一時間即告訴邱文達，北醫需要他，北醫未來的發展他一定會扮演非常重要的角色，在北醫學術制度已經建立的當下，自北醫體系培育校長是長治久安的基礎。吳成文的話很明白，他認為邱文達是未來北醫校長最可能的人選。

他當然要為北醫的未來儲備領導人才，所以說甚麼也不讓邱文達離開。吳成文甚至打電話到彰基董事會，親自懇請彰基的董事長尋找他人，因為北醫需要邱文達。事後回憶這一段，吳成文說，他瞭解邱文達身為基督徒的熱心腸，但無論如何，也要為北醫留住邱文達。

這一事件終於落幕，邱文達讓吳成文留了下來。邱文達擔任校長年餘，為北醫體系作了許多評鑑工作。例如北醫三家醫院均通過國際最高品質的國際醫院認證（JCI），也是教育部評鑑唯一獲教學資源國際化程度、推廣服務、通識教育、行政資源、訓輔等六項表現較佳的醫學大學，北醫也同時與百餘家公司進行產學合作等等。

吳成文知道要進行上述諸多的評鑑以及合作，一定會耗費校長諸多心力，也無怪乎邱文達忙裡忙外，在校務、評鑑、臨床醫療，以及醫院的經營上，難以分身。為北醫忙碌當然是好事，但吳成文認為經過評鑑的洗禮之後，現在邱校長已經可以放下一些庶務，專心提振與挑戰北醫學術再登高峰的成績。

北醫新秀逐步浮出檯面

而當吳成文擔任北醫董事長時，極力培育北醫體系將來的領導人才，除邱文達外，那時他已經觀察出北醫幾位青壯秀異的人才，如江漢聲、吳志雄、洪傳岳、李飛鵬、吳啟程等人，果不出所料，這些北醫人均已經在今日的北醫體系，甚或是離開北醫後挺戰高峰。

例如江漢聲爾後擔任輔仁大學醫學院院長，創建天主教輔仁大學醫學院。輔大醫學院年歲雖新，但學生以及師資不斷增強，江漢聲的籌畫與行政長才讓校方矚目。之後擔任輔大副校長，輔佐學術校務，現在，更上層樓擔任輔仁大學校長。北醫有這麼好的人才，當然成為各方獵才的寶庫。

當江漢聲要離開北醫的時候，吳成文非常惋惜，也曾經對江漢聲說，留在北醫，將來你會是一位極佳的校長人選。不過，任何狀況都有環境以及時間的因素，他也不反對江漢聲到輔大，這如同自己創設國衛院一樣，將是另一種開創的挑戰。

現在輔大醫學院辦得很出色，已進一步籌建教學醫院。北醫能夠為國內教育界養成如此優秀的人才，就是吳成文當時力圖挽救北醫的重要原因之一，所以，感覺與有榮焉。

人才紛紛到位，北醫穩健向前

附醫院長吳志雄興建了美輪美奐的附醫第三醫療大樓，經營出色，不僅短時間創造不錯的利潤，提供社區絕佳的照護醫療、公衛教育資源，也發展出精緻化的特色醫療。

例如，以中心串連醫護網絡，建制了乳房中心、腫瘤治療中心、兒童健康中心、社區醫學中心等，為東區的民眾提供優質的醫療需求。邱文達擔任北醫校長不久之後，為專心校務，由吳志雄繼任執掌雙和醫院，吳成文對他的能力充滿信任，相信吳志雄一定會為雙和醫院帶進更多的突破。

洪傳岳於吳成文在中研院生醫所所長任內，即擔任生醫所放在臺北榮民總醫院的臨床研究中心主任，後一度從事生物技術產業，許重義擔任校長之際，邀請他擔任副校長，學術行政經驗豐富的他，於邱文達校長任內轉任萬芳醫院院長，接續邱文達出色的經營。

萬芳醫院在升格為醫學中心之後，極力於學術上超越過往，相繼成立癌症研究中心、幹細胞研究中心等，期待藉研究結合臨床醫療，提振社區化醫院的學術能力。萬芳醫院同時與北醫的公衛研究所合作，針對年齡層結構老化的文山區民眾，設計社區健康計畫，進行社區健康的縱向性研究，期以長期的研究觀察，為我國老化人口結構的社會，提供具科學根據的照護建議。

人才的培育不在一夕，需要策略與方法，吳成文當年的規劃是在引進學術人才，如許重義校長，以其激勵北醫體系新秀的紮實成長，如邱文達以及上述的吳志雄、洪傳岳，及日後擔任附醫院長的李飛鵬（註2）等人，雙管齊下，這一手策略，為今日的北醫埋下生根的種子。

一流人才、一流學術為不變法則

吳成文回到學術界，研究一樣卓越出色，常被邀請參與國內外的學術會議，發表重要學術演講，也獲得不少學術獎項。他是我國長期擔任學術行政職務後，能夠成功回到學術研究的少數科學家。

退下行政職的他，除擔任陽明大學的特聘講座教授外，還受聘為國內十所重要大學的榮譽講座教授，包括臺灣大學、國防醫學院、高雄醫學大學、清華大學、中興大學、成功大學、交通大學、輔仁大學、義守大學等。這些大學無不希望吳成文為其學術發展提供爍見，吳成文一向古道熱腸，所以也是南北奔忙不曾稍歇。

透過與不同大學的意見交流，吳成文更瞭解到各校都在厚植實力，有在學術上較勁的雄心壯志。當然他期待北醫也有箭速的進步。有時，不意見到北醫的故舊，大家對吳成文昔日為北醫辛苦創建制度的過程說出了懷念以及感謝；也常常對吳成文說，「吳院士，您時常到各個大學，尤其是各大醫學院提供意見，何時也回來北醫跟我們聊聊？」

吳成文每每回答說，所謂一流的大學，簡單說是具有一流的師資與一流的學生；北醫現在的經營已經非常出色，足以吸引一流的師資。人才是學術單位最好的投資，一流的師資創造一流的學術、一流的學術培植一流的大學，一流的大學再吸引一流的學子。這是建立一流大學必經的良性循環，所以投資在人才的引進，是北醫發展成為一流大學最具體的方法。

有一次邱文達校長來訪，吳成文諄諄告訴邱校長，在北醫已經穩定發展的現下，積極引進人才、培育人才，讓北醫的學術更上一層樓。邱文達校長深有所感的回應：「北醫在穩定中發展學術是一定要的，我正思考規劃北醫的『學術年』，也已經是時機了。」

吳成文表達了對北醫發展學術的意見。他想，爾後，就靠校長的領導了。倒是邱文達在幾次與吳成文的互動中，時常回憶起與他的對話。邱文達說：「吳董事長一向對我說真話，從不拐彎抹角。」他將吳成文視為學界的長輩，以及關心北醫穩定發展的老長官，非常重視吳成文的意見。

「他帶領董事們讓北醫完成了一趟脫胎換骨的組織再造。」邱文達說：「吳董事長在任期間，為北醫這個曾經生病的組織找對了藥方，使得北醫雖經過重創，卻能再生。」

「他雖然離開北醫，依舊關懷，彭汪院士就是在他的引薦下來到北醫。人才的培育與學術的提升，是吳董事長最掛慮的。每次見面總是傾囊相授，知無不言，一心希望北醫穩定之後，一定要更好。」

因學術與北醫溫馨再相遇

二〇一〇年，北醫禮聘吳成文為拇山生物醫學特聘講座教授。這一段沒有在北醫的日子裡，吳成文除非因為自己醫療的需要，鮮少進入北醫，尤其是學校，這一次邀請他為榮譽講座，象徵著北醫對吳成文的敬重。校長邱文達說，北醫也希望吳成文以其學術專長，繼續為北醫的學術發展提供建議。

二〇一〇年吳成文應北醫以及《科學月刊》之邀，在北醫進行一場科普演講：「解開生命的奧秘——廿一世紀生命科學的挑戰」，這是吳成文以學術人的身份，第一次在北醫進行科普演講，翌年，北醫又邀請吳成文發表一場以「癌症幹細胞」為題的學術專題演講。從離開董事會，再獲聘為特聘講座教授，吳成文與北醫之間的對話回歸到他最愛的學術，是與北醫最為溫馨與風平浪靜的相遇，他非常的珍視。

不再有北醫行政職的責任，而是與北醫嶄新的學術交集，吳成文希望北醫跨出的步伐應當大於昔日。「因為，現在的北醫已經沒有過往的包袱，我以及過去的董事會為北醫打樁立基，只是北醫未來歷史發展的第一步，北醫人現在的責任是要在已打好的基礎上蓋更高的大樓。」吳成文這麼說。

註釋

註1：吳研華院士於二〇一〇年自陽明大學校長卸任，後獲聘擔任交通大學校長。

註2：吳志雄後由北醫附醫轉任雙和醫院院長，其職由李飛鵬接任，現李飛鵬已由北醫附醫再轉任萬芳醫院擔任院長一職。邱文達於二〇一一年二月一日擔任行政院衛生署署長；二〇一三年七月二十三日擔任行政院衛生福利部首任部長。

23 北醫人接力挑戰理想

二〇一二年九月七日，兩位多年不見的老友終於會了面，一位是自公部門退休下來的毛高文，一位就是吳成文，算一算兩人幾乎十餘年沒有碰頭了。當年吳成文因為毛高文的一句話，幫助教育部重組董事會，為北醫劬勞了將近二十年，但是吳成文不曾因為北醫的事情去麻煩過毛高文。

完成託付，老友相見歡

毛高文從教育部到考試院副院長，之後出使哥斯大黎加為特命全權大使，直到退休卸任，一路公務纏雜，雖然關心北醫的狀況，然不在其位不謀其事，與吳成文縱是舊友卻鮮有交集。離開教育部時，毛高文知道舊有的董事會到監察院、立法院下壓力，甚至請律師興訟，但是對吳成文於北醫所面對的困擾與誣衊，卻也不知。一方是謹守分際的規避，一方是信守交付的承諾，長段時間的點點滴滴，恰在相逢的下午暢懷而敘。

他說：「這是我跟吳成文一樣的個性吧！吳成文不好意思來勞煩我，我也因職務變動的關係，既無權也無份去過問吳成文在北醫的事務，兩個人反而沒機會見面長達十多年。現在我退休了，成文也卸下了北醫的職務，這時候說說北醫，才是時機。」

毛高文來自教育界，當年他最疼惜北醫的學生因為學校的爭擾而不得不發聲爭取自己的受教權益，身在其位的他隱約知道北醫是因為財務的問題紛紛擾擾，而且董事會有兩種不同的聲音，搞得開不成會議，使得校務停擺，各自為政。做為全國最高的教育主掌者，他認為這樣下去這麼一個有歷史的醫學院終究會垮掉，教育部不能規避責任，必須出手了。

北醫第八任董事長為徐千田，他的風範以及學識是醫界所景仰的，但那時徐教授身體不佳，常在醫院，而他在任時一心專注北醫的土地問題，希望在任內將北醫的校地合法化，為這件大事徐教授已經心力交瘁，也無暇顧及董事會的纏結爭鬥。當教育部宣布解散北醫董事會之際，徐教授的身體已經是非常孱弱了！

「不過，從此我幾乎天天收到解散後的北醫董事會要告我的存證信函。」毛高文說，教育部也特別請律師回應北醫解散董事會的頻頻動作。「一個學校，這麼有歷史、有基礎，怎演變到黑函滿天飛而至校務散亂，這群人到底有沒有想到學生！」這是毛高文對當時北醫的喟嘆。

「還好，我找成文來幫忙，成文又去吆喝了醫界的菁英大老們一起跳下來，大家才把北醫救了起來。我真高興，當時交了成文這一個『小老弟』。」退休後，毛高文在蔣經國國際學術交流基金會擔任董事長，吳成文與他促膝敘舊，雖說都已經是白髮曜曜的「老人家」了，他們還是像當年一樣，說起話來了無隔閡。

毛高文一句「小老弟」的話把時光逆轉到那時教育部的部長辦公室。吳成文回答說：「我當時也不知道北醫過去的淵源始末，也許那時候知道了，還會打退堂鼓要部長另請高明呢！」說完這句話，兩人哈哈一笑，也算是一笑泯下這場與北醫的「因緣」吧！

教育部肩扛責任，為北醫保住生機

其實當時在教育部還有一位長官非常熟知北醫的情況，他是繼毛高文後擔任教育部長現為佛光大學校長的楊朝祥。北醫事件喧囂日上的時刻，毛高文交給楊朝祥的重要任務之一就是好好整頓北醫，讓北醫站起來。

二〇一二年十月十六日，在國家政策基金會與「風塵」僕僕方會議結束的楊朝祥校長說一說「塵封」舊事，楊朝祥對昔日的北醫事件記憶猶新，他思緒綿密地將北醫的起起落落說得詳盡清晰。對他而言，北醫舊事不是箱底的記憶，反倒是我國私校的捐助主以理想興學，那傳統「私價值」與社會「公價值」之間蛻變的過程。「我從來沒有忘記北醫那一段坎坷成長的歷史。」楊朝祥說。

雖離開了公務部門，楊朝祥記憶開匣的回思中，說出了教育部最後決定插手北醫事宜的經過。「一方面是毛高文部長的教育理念，毛高文認為私校應是社會公益的財團法人。當時恰是勤益工專創辦人張明將軍認為勤益的經營雖蒸蒸日上，但是教育的投資已經不是日趨年邁的他獨力可以扛起的，所以將學校一毛不取的捐贈給教育部。那時候，毛部長一直希望將勤益作為社會公益財團法人的成功典範。不過，還是功虧一簣（註）。」

「北醫的事情出現了，毛部長知道，不安定的校園無法提供學生安定的受教權益，所以雖然很多人都說北醫的事情難管，教育部史無前例地決定第二次解散北醫董事會。我呀！就是那個負責的人。」楊朝祥接口說著：「教育部曾經為了整頓出了問題的私校，解散過私校的董事會，有的話，也只是一次。北醫卻創了先例，董事會是第二次被教育部解散的——還包括北醫當時董事會第一次被解散時為安定北醫的部派董事；教育部全數解除了他們的職務。」

楊朝祥這個工作可不簡單，他必須一一拜會原來的部派董事，說明教育部不得不然的作法，所幸這些董事或年事已高，或原本就與董事會中某些別有居心者不睦，所以都樂意卸下職務。倒是另一群董事就無法如此順利溝通，楊朝祥知道未來也只能以「法」相見了！

如同吳啟誠與呂宜興回憶所說，因為已感覺董事會與校友會中間有著奇怪的火藥味，所以，他們回歸校園。楊朝祥更知道，有一群自稱為校友的人一直希望插手董事會，所以在吳成文邀請醫界新組董事會時，他極力向毛高文部長力陳不希望校友會介入，然卻應保留董事席位給兩位創辦人。

當時創辦人胡水旺醫師辭董事職務，原本規劃由他的次子胡俊弘接任，但方回國的胡俊弘選擇擔任校長，所以創辦人之一的胡家，在第二次重組時算是退出了董事會。而另一位創辦人徐千田教授方謝世，其缺就由徐教授的二公子時任職中研院生醫所的徐明達教授接任。這是楊朝祥在第九屆董事會公部門中運籌帷幄的準則，也是從這一屆的董事會開始，北醫逐次蠶蛻更新，一步一步往上走。

莫忘昔年坎坷耕耘成長

「不過，吳成文院士以及其他董事們也許忘了，在這一屆任期屆滿之後，他們集體向教育部請辭，因為愈是瞭解北醫過往的糾結，愈是覺得負任不了，當然也有一個原因是，謝獻臣董事長覺得自己年歲也大了，擔心無法帶領好北醫。」其實，那時楊朝祥在教育部也承受不少的壓力，因為北醫的校友會以及舊的董事會亦是「三不五時」地到教育部抗議。楊朝祥真是兩頭奔忙，一邊希望醫界大老繼續臨危授命帶領北醫必須的變革；一方面要應對舊有校友會與董事會的興訟。但是他認為，身為一個負責任的教育官員，這副肩膀是一定要挺住的！

所幸楊朝祥留住了由醫界大老組成的董事會。「和璧無罪，懷璧其罪。現在事過境遷已經可以公開說了，其時就是因為北醫有一塊讓人覬覦的校地，有心人總是希望插一把手。」看來楊朝祥處理北醫的始末也真是「步步驚心」，明裡背裡都知道原本北醫體系內的坑坑窪窪，當年深思細密地找來醫界大老幫忙，也真是為北醫費盡了心思。

楊朝祥再一次幫北醫的忙是他在教育部任政務次長的時候，那時由謝獻臣董事長領軍的董事會希望北醫接下由北市政府公辦民營的萬芳醫院，但這個決定卻招致學校行政部門的強力反彈。楊朝祥瞭解董事會的苦心，他知道一個醫學院必須要有醫院做為無論是教學或是財務來源的後盾，由於那時北醫附設醫院的規模不足，北醫如果要長大，大型醫院的搭配勢在必行。他也瞭解學校擔憂的是北醫有否經營能力，擔心若是不慎反而給北醫帶來更沈重的財務負累。

為此，楊朝祥還親自到北醫與所有的高階幹部會議。他告訴大家，這是北醫奮力一搏的機會，只要大家齊心一致，北醫值得冒這個險，過了這一關，北醫才有機會。一番話，終於說動了憂心忡忡的大家。這段往事，連現任董事長李祖德先生也記得，日後李董事長還曾為此事謝過楊朝祥。而在邱文達手中經營成功的萬芳醫院，的確幫助北醫一步一步擺脫財務的虧損，創造未來北醫一校三院的榮景。

無怪乎，在北醫五十週年的校慶中楊朝祥會說出：「看著北醫今日欣欣向榮，但是大家不要忘記了北醫所經過那十多年辛苦的日子。」

回首看一看這段往事，當時擔任過政務官的毛高文以及楊朝祥，也都是推著北醫往前走的一雙手。

成功的現在，是曾經苦心耕耘的歷史，是所有關心過北醫的人共同合作鑄造的痕跡，絕非個人的光環。現在他們都功成身退了，「但是這段北醫歷史一定要寫下來。」無論是毛高文還是楊朝祥，他們說著：「北醫是私校轉型成功的案例，尤其是過去辛苦日子時醫界菁英董事們，他們不為私利、功成不居，讓北醫谷底翻身，沒有他們大刀闊斧的改革，就沒有今天的北醫。」

紀念曾承挑北醫的謝世長者

對吳成文來說，著手把大家參與北醫的歷程寫下來，其實也希望能分享給昔日一起為北醫殫思竭慮的醫界長輩，然而無法逆料的遺憾，卻也在書寫的過程中發生。

二〇一二年六月二十六日，在榮總中正樓才與前榮總副院長，也擔任過陽明醫學院院長以及北醫董事的于俊教授話舊，聊起當年大家一起為萬芳醫院升格為醫學中心的往事。

那天于教授說起話來依舊中氣十足，每週二他固定到醫院教導年輕醫師如何判讀的基本功夫。吳成文還記得于教授說，榮總放射線部希望他來教教年輕人，現在年輕醫師太仰賴像CT這些科技醫療器材來判斷病情，缺乏基本判讀的紮實功夫，這是非常危險的。說起每週二必須從林口搭車到榮總，趕早上七點半的住院醫師晨間訓練課程，這是他在陽明擔任院長時就一路延續下來的，十數年來從沒有遲到過，寶刀未老的功力，每讓年輕醫師折服。

于教授聲壯音宏，雙眼清亮精爍，走起路來虎虎生風，健步如飛，連吳成文都讚嘆他的精神與體力，不料，這卻是他最後對這位醫界長者的印象。于俊當天一再強調，就是因為大家不是北醫的出資人，不曾希望因著北醫而獲取任何好處，一致同心地為北醫做事，所以北醫才站得起來。「只要北醫延續這個精神，它絕對不會再垮！」說話的豪邁與堅定，讓吳成文會心。

暑期時刻，吳成文飛往巴西及冰島參加學術會議，回來之後聽聞于俊教授住院，原本希望安排時間一訪，沒想到才幾天，就聽得于教授過世噩耗。震驚與難過，讓吳成文慨嘆了一陣子。

翻開紀念于教授的追思文字，無論是榮總以及陽明的追思，離不開他身前的重任，而當于教授接任陽明醫學院院長時，前院長韓偉說的那句：「你今天接下的不是一個輕的擔子……」亦是讓吳成文深深思索……。想起當時大家一起進入北醫董事會時，也是個不輕的擔子。來自北方的于俊嗓門大，說話鏗鏘有力，他向來爽快直言，與來自臺灣南部溫和謙恭的謝獻臣恰是不同的典型。這場承挑的記憶，雖言擔子不輕，然大家全力以赴，只是對於老成凋謝者無論是謝獻臣教授或是于俊教授，吳成文總有無限的懷念。

謝獻臣董事長是在任內去世的，北醫人或有印象，但是于俊院長因為與吳成文一起自董事會下任，他仙去的消息，北醫人所知不多。特別在此記下一筆，不只是為醫界痛失一位放射線先驅惋惜，也希望北醫人記住這位當年為了幫助萬芳醫院躍升為醫學中心，以老驥伏櫪之姿親自到萬芳報告醫院有關放射線職能的學者，這位以豪語說出「北醫一定不會再垮」的老董事。

凡走過必留痕跡，北醫人要自己寫歷史

在北醫關鍵時刻回國接下校長職務的許重義教授雖已經離開北醫，然對於在北醫與吳成文所率領的董事會有一份中肯的評價，他說：「吳院士所帶領的董事會最珍貴的特質是大家齊心一致，要把北醫做起來，沒有人要在北醫撈到好處，以一句話形容，就是清廉。清廉的董事會有理想、有擔當，北醫才能一路上揚。」

許重義同時陳述吳成文的領導風格：「吳成文是一位宏觀的人，有大格局、具備世界觀，兼之其他的董事們個個均是醫界菁英，董事會不曾苛細小節，勇於授權。我記得回臺接任北醫校長時，吳成文只對我言簡意賅地說兩句話；北醫以及兩家醫院讓你管，要整

頓、要經營、要把學術帶起來，你負全責，做不好也是你的責任。這樣明確的指示，反而能讓我充分發揮。」

許重義也坦承，因為吳成文離開董事會後，其他的部派董事也一併卸職，他擔心自己耿直的行事風格會與北醫新的領導團隊有所扞格，也不希望好不容易建立起來校方與董事會和諧信賴的關係在未來產生變化，才心生去意。回憶起與吳成文共事時，兩人也有意見上的不一致，但都可以溝通，同時不擔心造成彼此的嫌隙，許重義認為，這是吳成文最不容易的地方。「我可以放心大膽地對他反應，我的看法跟你不同。換做別人，可能早已不悅在心了。」許重義如是說。

其實，如同吳成文一再強調的，建立良善的制度，只要持續在制度軌道上依序前進，領導者只是帶大家朝正確方向跑的人，對事的看法即使不同，也要彼此尊重；制度是組織的核心，人才是組織的生命，兩者互為表裡，偏一不可。

許重義教授目前在中國醫藥大學一展長才，也幫助他現任職學校的學術一路拉升，耀眼的成績，所有的醫學院均觀測眼中，他曾是北醫臨危授命轉型時代的重要旗手，北醫人也不能忘掉他。

邱文達在北醫校長任內，應召擔任行政院衛生署署長，現在更執掌全國的衛生政策、社會福利的衛生福利部，他醫藥衛生專業生涯的歷練，以及在北醫、萬芳與雙和醫院開創成功的經驗，對一個最高的衛生社服行政首長絕對是加分的。而即使是較早離開北醫往外發展的江漢聲教授，目前已經是輔仁大學的校長，他也是過去北醫變動時代所養育的人才。可以看出北醫人的潛力是無可限量的。

「現在北醫制度建制完全，財務穩定，北醫在教學、學術、醫療的品質，更沒有理由後退！」吳成文常說，他與醫界菁英們為北醫建立了堅實的基礎，但只像是一棟建築物的地基，北醫人必須在這個地基上蓋起屬於自己的大樓，未來的五年、十年、五十年，北醫的發展如何巍然屹立，是北醫新生代領導人的責任。

建設是一代傳承一代，學術亦然，沒有揠苗助長的捷徑，卻有長期的策略與規劃，他們當年為北醫穩健了三個鼎足，一校三院，成為北醫長遠發展的盤石，「然而是否可以在這盤石上壯闊地發展自己的學術、教育與醫療的優質競爭力，就要靠下一代的北醫人努力了。」吳成文說：「我以及昔年醫界大老的董事們，為北醫寫了十多年的歷史，今日的北醫人要為自己的將來寫歷史。」

挑戰理想的接力賽

有所為，也有所不為，有起伏更迭，也有雲淡風清，關鍵的堅持就在於如何持秉理想，執戟破浪去挑戰不可能的任務。因為擁有這種「挑戰理想」的特質，才能領著北醫這艘大船，從修建、起錨、到御風而行，然後揮一揮衣袖，不帶走一片雲彩的離去。下任之後，沒有惋惜，只有祝福，沒有依戀，只有關切，永遠以曾經為北醫人為榮。

吳成文說：「這段北醫的故事，寫下來，就像是接力的比賽一樣，棒子已經交出來了，下一個賽跑的人也必須穩穩地把棒子傳承下去。一棒接一棒，歷史不就是這麼累積的？我以及所有曾經參與北醫董事會的人，都曾在這場接力賽中努力衝刺，現在各自回到自己的舞臺。因為有歷史所以有現在，所以具有價值。北醫的價值與永續，是當下北醫人每一天的努力與累積。」

凡走過，必留足跡。無論是風雨飄搖的艱困往昔、奮力向上的搏鬥歲月、理想中社會財與私人興學的磨合過程、教育責任與醫療經營槓桿兩端的平衡，以及如何永續發展的宏觀願景，一線下來，北醫已經走了五十多年。而北醫在倏乎即至的甲子前，還有一段努力的時間與空間。

吳成文說：「我們的責任已了，但期許還在。」

註釋

註：勤益工專目前為國立的科技大學。

Collection 08

北醫故事——一個私立大學的蛻變新生

金塊文化

作　　者：吳成文、劉傳文
發 行 人：王志強
總 編 輯：余素珠
校　　稿：劉傳文、余素珠
美術編輯：JOHN平面設計工作室
圖片提供：臺北醫學大學校史室

出 版 社：金塊文化事業有限公司
地　　址：新北市新莊區立信三街35巷2號12樓
電　　話：02-2276-8940
傳　　真：02-2276-3425
E-mail：nuggetsculture@yahoo.com.tw

匯款銀行：上海商業銀行　新莊分行
銀行帳號：25102000028053
銀行戶名：金塊文化事業有限公司

總 經 銷：商流文化事業有限公司
電　　話：02-2228-8841
印　　刷：群鋒印刷
初版一刷：2013年10月
定　　價：新臺幣260元

ISBN：978-986-89388-5-4（平裝）

國家圖書館出版品預行編目資料

北醫故事：一個私立大學的蛻變新生 / 吳成文, 劉傳文著.
-- 初版. -- 新北市：金塊文化, 2013.10
248面；15x21公分. -- (Collection；8)
ISBN 978-986-89388-5-4(平裝)
1.臺北醫學大學 2.歷史/101
525.833　　　102019380